STOP
den Energieräubern

Gelassenheit
im Erziehungsalltag

Anne Rotter | Thomas Baier

INHALT

» Einleitung	04
» Energieräuber	08
» Energie tanken	15
Autogenes Training	18
Stress-Impfung	20
Feldenkrais	22
Progressive Relaxation	24
Meditation	26
Yoga	27
» Lebensmittel: Nahrung als Energiequelle	30
» Die Kraft der positiven Ausstrahlung	40
» Das richtige Denken	42

» Steigerung der Selbstreflexion	44
» Intuition spart Energie	46
» Liebe zeigen	56
» Das innere Lächeln	61
» Dankbarkeit	70
» Gelassenheit für einen entspannten Umgang mit Kindern	76
» Survival Kit für den Alltag	84
» Literatur	90

Melanie setzte sich wieder einmal erschöpft auf ihre Couch. Sie kam gerade nach vier Stunden Unterricht nachhause und hatte kaum noch eine Stunde Zeit, bevor ihre beiden „Energieräuber" aus der Schule kamen.

Kinder sind niedlich und harmlos aussehende kleine Geschöpfe in zartem Alter – und erweisen sich manchmal als erbarmungslose Ungeheuer, die ihren armen Eltern und Lehrern schwer zu schaffen machen und ihnen den letzten Nerv rauben. Ob quengelnd an der Supermarktkasse, nölend im Wartezimmer beim Arzt – die kleinen Tyrannen halten die Erwachsenen auf Trab, die sich ihren Sprösslingen nicht selten kraftlos ergeben, dachte sich Melanie. In der Schule sind es die Schüler, die keine Grenzen kennen und zuhause habe ich mein Leben längst nach dem selbstbewussten Filius und seiner Schwester ausgerichtet, für die das Beste gerade mal gut genug ist. Ich pendle zwischen Klavier-, Ballett- und Flötenunterricht, um danach den kleinen Prinzen zur Karatestunde zu fahren, dazwischen werden Mathematikaufgaben mit der Kleinsten gelöst und bis zum Ende mache ich mein Abitur dreimal. Wie werde ich all den Anforderungen des Alltags gerecht, fragte sie sich mit einem tiefen Seufzer und wie halte ich die nimmersatten Kids in Schach? Ich brauche mehr als die gut gemeinten Tipps von Freunden, die oft nur auf kurzfristige Problemlösungen zielen.

Wie kann ich der Frustfalle entkommen?

Vielleicht hilft mir ja ein kleiner Spaziergang, dachte sie sich. Frische Luft und vielleicht ein kurzes Sonnenbad auf dieser lauschigen Parkbank, die sie so sehr liebte. Gesagt – getan! Die frische Luft tat ihr gut und sie ging zügigen Schrittes auf den Park zu. Als sie zu ihrer Bank kam, saß dort bereits jemand. Oh schade, dachte sie sich, meine Bank ist besetzt. Gerade jetzt könnte ich sie so gut gebrauchen. Sie empfand diese immer wieder als wahre Energiequelle.

Als sie an der Bank vorbeigehen wollte, schaute sie die Person an, die ihr ihren Wonneplatz streitig machte. Ein älterer Herr lächelte sie freundlich an und sagte: Na, was machen Sie denn für ein finsteres Gesicht, bei diesem schönen Wetter? Sie konnte sich seinem einnehmenden Lächeln nicht widersetzen und blieb stehen. Sie sitzen auf meiner Energiespende-Quelle, sagte sie. Der ältere Herr lachte auf und sagte: Ach, deswegen fühle ich mich so wohl hier. Aber ich glaube, die Quelle reicht für zwei. Was halten Sie davon, wenn Sie sich dazusetzen? Warum nicht, dachte Melanie und nahm Platz. Und auf einmal begann sie, diesem Herrn von ihrem Problem zu erzählen. Und gerade heute habe ich dieses Energieauftanken notwenig, endete sie. Der ältere Herr lächelte wohlwollend und meinte: Ich kenne Ihr Problem nur zu gut.

40 Jahre lang war ich Schulmeister und habe vier eigene Kinder und inzwischen neun Enkelkinder. Einmal war ich drauf und dran alles hinzuschmeißen, weil ich mich völlig ausgebrannt fühlte. Kinder haben eine natürliche Gabe, ihre Kräfte auf das zu konzentrieren, was sie wollen. Ihre Energie vergeuden sie nicht für Dinge, die sie nicht interessieren. Deshalb können sie z. B. Gedanken an Aufgaben, die sie erledigen sollen, ziemlich schnell und wirksam verdrängen. Da ist dann Ärger vorprogrammiert.

Am besten ist es daher, selbst eine Strategie zu entwickeln, wie man damit umgeht: Entweder weckt man ausreichend Interesse an einer bestimmten Aufgabe oder Sache, um sie attraktiv zu machen, oder man verknüpft diese mit etwas Positivem, um einen Anreiz zu schaffen.

Kinder sind so voller Lebensfreude und positiver Energie, die Erwachsenen oft in ihrem Alltag verloren geht. Profitieren Sie doch davon und lassen Sie sich anstecken! Teilen Sie auch die fröhlichen und Kraft spendenden Momente mit Kindern und genießen Sie diese als Energiespender.

Alles was wir tun, erfordert Energie, fuhr der freundliche Banknachbar fort. Als Ausgleich dafür müssen wir für unser eigenes Gleichgewicht von Körper, Geist und Seele sorgen.

Mit dem Elternsein verbinden immer mehr Erwachsene den Gedanken an enorme Belastungen. Die Vorwerk-Familienstudie 2007, die das Institut für Demoskopie Allensbach durchgeführt hat, ergab, dass 64 Prozent der kinderlosen Frauen und Männer zwischen 20 und 49 Jahren das Elternsein mit „viel Stress" verbinden – allerdings auch 53 Prozent der Eltern.

Eltern sein ist anstrengend. Aber gilt das nicht für viele andere Quellen des Glücks auch? Wer etwa in der beruflichen Karriere seine Befriedigung sucht, der opfert diesem Ziel ebenfalls sehr viel, ohne dass er dies unbedingt als Opfer empfindet. Und vielleicht gehört ja etwas Herausforderung zum Glücklich-Sein dazu?

Kinder sind anstrengend: Sie fordern ihre Eltern und Lehrer heraus – sowohl mit ihrem Bedürfnis nach Freiheit als auch mit ihrer Suche nach Grenzen. Erziehungsarbeit ist Schwerstarbeit, denn sie erfordert Aufmerksamkeit und eine gehörige Portion Konsequenz. Die Sorge um das Wohl der Kinder treibt Eltern und Lehrer ein Leben lang um. Doch die Mühe lohnt sich und je ausgeglichener sie sind, desto entspannter ist auch das Verhältnis zu den Kindern.

ENERGIERÄUBER

Oft haben wir – gefangen in unserem Alltags- und Berufsleben – weder Kraft noch Lust, uns weiterzuentwickeln und zu verändern. Eltern sind oft für Kinder Nervenbündel und wundern sich, dass sie nicht als Vorbilder wahrgenommen werden.

Der Mann sah Melanie lächelnd an und sagte: Um eine Änderung dieses unbefriedigenden Zustandes herbeizuführen, sollte man sich vorab einige Fragen stellen:

» Wann geht Energie verloren?

» Welche Art Lebensenergie fehlt – mehr die körperliche, die seelische, die geistige oder gar die spirituelle Energie?

» Wo fehlt die Energie im Körper – im Kopf, im Bauch oder in den Beinen?

» Welche „Etage" leidet am meisten unter der fehlenden Energie?

» Welche „Energieräuber" kommen in Frage?

» Sind es äußere Faktoren, die eine Rolle spielen, oder liegt die Ursache im Inneren der Person?

Wer herausfindet, was am meisten an seinen Nerven zehrt und ihn belastet, kann seinen Energieverlust stoppen. Dabei sollte man bedenken, dass sich die Energieräuber meist in mehreren Formen einschleichen, so etwa in folgenden Formen:

Durch ungesunde oder zumindest nicht für Sie passende Nahrungsmittel kann der Stoffwechsel aus der Balance kommen. Übermäßiger Lärm, Elektrosmog oder eine einseitige Tätigkeit z. B. am Computer fordern vom Körper Energie. Auch zu wenig Bewegung macht schlapp und führt zu Verspannungen und körperlichen Problemen.

Oft sind es aber gerade die unbewussten Energieräuber, die an uns nagen. Zum Beispiel Beziehungsstress, Wut, Angst oder Unruhe – ausgelöst zum Beispiel durch andere Personen. Aber auch das Verhältnis zu einer bestimmten Person, mit der Sie nicht klar kommen, oder zu engstirnige, unflexible Verhaltensmuster und Einstellungen kommen in Frage.

Alles das raubt Ihnen Energie und führt zu Müdigkeit, Abgespanntheit, Gereiztheit bis hin zur Erschöpfung.

Sie sind „ausgepowert" – alle Energie ist verbraucht.

Identifizieren Sie also Ihre persönlichen Energieräuber! Energieverlust entsteht meist durch:

- » Negative Einstellung zu mir selbst
- » Negative Urteile anderer über mich
- » Geringes Selbstbewusstsein
- » Mangel an Disziplin
- » Fokus auf Probleme
- » Angst
- » Stress
- » Ärger, Gereiztheit
- » Falsche Ernährung
- » Schlechte Körperhaltung
- » Unentschlossenheit

Doch wie gehe ich nun gegen diese Energieräuber vor, fragte Melanie ihren Gesprächspartner. Wie werde ich eine ausgeglichene Person, die gelassen, kraft- und lustvoll Lehrerin und Mutter ist? Wo ist der Knopf in meinem Körper, auf den ich drücken muss, um mir nicht mehr die Energie rauben zu lassen und völlig antriebslos zu werden?

Zuerst sollten Sie sich die Frage stellen, woher Ihre Antriebslosigkeit kommt, antwortete der freundliche Mann. Kann es ein körperliches Problem sein wie Mangel an Mineralstoffen? Wenn Sie den Verdacht haben, Ihre Ernährung könnte nicht ausgewogen sein, lassen Sie sich vorsichtshalber beim Arzt durchchecken.

Klar, Sie sind den ganzen Tag auf Achse und hetzen von einem Termin zum nächsten. Aber diese Form der Bewegung entzieht uns leider Energie anstatt unsere Muskeln mit frischem Sauerstoff und Energie zu füllen, wie es der Fall ist, wenn wir einen langen Spaziergang an der frischen Luft machen oder uns im Fitnesscenter auspowern. Bewusstes Trödeln und Gammeln sind auch erlaubt, wer jedoch regelmäßig seine Abende auf dem Sofa verbringt, braucht sich über Energielosigkeit nicht wirklich zu wundern. Da hilft nur, den inneren Schweinehund zu überwinden und eine Runde um den Block zu joggen, sich doch endlich für den Tangokurs anzumelden, den man sich schon so lange vorgenommen hat, oder ein paar Bahnen im Schwimmbad zu ziehen, bevor man es sich wieder zu Hause gemütlich macht. Die Disziplin lohnt sich, denn Bewegung und Sport bringen Energie. Wir merken es oft zuerst an unserem Körper, wenn wir aus dem Gleichgewicht geraten sind. Einige Redewendungen zeigen dies, z. B. „haben wir die Nase voll", ist uns „etwas über die Leber" gelaufen oder man hat „einen Kloß im Hals".

Sie haben recht, war Melanies Kommentar.
Wir alle kennen Phasen, die stressig und turbulent sind, und in denen wir uns doch glücklich und erfüllt fühlen. Es macht uns Spaß, Elternsprecher zu sein, früh aufzustehen und abends noch auszugehen. Dabei handelt es sich um das, was die Psychologen

„Selbstwirksamkeit" nennen: Trotz schwieriger Situationen haben wir das Gefühl, unser Leben selbst in die Hand und auf die Dinge Einfluss zu nehmen, und sie auch verändern zu können. Nur wer sich fremdbestimmt fühlt, nur noch funktioniert und Termine abarbeitet, ist energielos und somit unzufrieden. Der Knopf für mehr Energie scheint also in meinem Kopf zu sitzen, sagte sie.

Ja, meistens liegt die Wurzel allen Übels in unserem eigenen Kopf, bestätigte der nette Herr. Aber die Energiereserven sind nicht endlich, sondern können immer wieder neu gespeist werden, es gibt eine unerschöpfliche Quelle für Kraft und Power. Wir müssen uns nur selbst um unsere eigene Sonne kümmern, die uns erhellt und unserem Geist und Körper Kraft spendet. Seien Sie also gut zu sich! Es gibt mittlerweile sogar Psychologen, die ihren Schwerpunkt speziell auf Energiepsychologie gelegt haben und darauf, wie wir wieder zu Kräften kommen.

> » Das ärgerliche am Ärger ist, dass man sich schadet, ohne anderen zu nützen. «
> *Kurt Tucholsky*

Beispiel: Ärger

Menschen, die sich häufig und intensiv ärgern – auch über Nichtigkeiten und Dinge, die sie nicht ansatzweise ändern können – lassen in diesem Bereich viel Energie auf der Strecke.

Glaube ich an mein Recht der freien Entscheidung? Dann darf ich also selbst entscheiden, wie ich mich fühlen will – wann ich glücklich sein will und wann ich mich ärgern will? Schon Voltaire hat es in die folgenden Worte gefasst:

„Da es sehr förderlich für die Gesundheit ist, habe ich beschlossen glücklich zu sein!"

Doch der Alltag sieht oftmals anders aus: Wir beschuldigen andere für unsere Gefühle wie z. B. «du regst mich auf» oder «wegen diesem Idioten hat der Tag schlecht angefangen». So geben wir unsere Eigenverantwortung ab. Natürlich können andere provozieren und manipulieren. Trotzdem ist vor jedem Gefühl, in das ich Energie hineingebe, ein Moment der Entscheidungsfreiheit: «Will ich das?» Je mehr Selbst-Bewusst-Sein und innere Ruhe vorhanden sind, desto klarer nehme ich diesen Moment wahr und nutze ihn bewusst.

Gehen Sie konstruktiv mit Fehlern um und machen Sie sich Ihre Handlungen bewusst. Nur Sie selbst sind verantwortlich für das, was Sie tun. Fragen Sie sich, auch wenn es Ihnen schwer fällt, wofür ein Fehler eventuell gut gewesen sein könnte. Fehler sind eine Chance, Dinge das nächste Mal besser zu machen! Konzentrieren Sie Ihre Energie darauf, das bringt Sie weiter.

«Morgenstund hat Gold im Mund» sagt das Sprichwort. Deshalb ist dies ein guter Zeitpunkt, sich morgens kurz Fragen zu stellen:

» Wie will ich mich am heutigen Tag fühlen?
» Worauf fokussiere ich meine Gedanken heute?

Nur wer sich ein Ziel steckt, kann den richtigen Weg gehen und das Ziel auch erreichen.

So, aber nun zum Wesentlichen, fuhr der freundliche Mann fort. Wie schöpfen wir wieder neue Energie?

ENERGIE TANKEN

Von nichts kommt nichts, d.h. unsere Energiereserven müssen wir laufend auffüllen. Meist fühlen wir uns dann gut und voller Energie, wenn wir Schönes erleben und in uns aufnehmen, uns mit angenehmen Themen auseinandersetzen und unter netten Menschen sind. Stellen Sie sich also die Frage:

„Was sind meine persönlichen Energiebringer, was macht mir Freude?".

Kinder wissen darauf meist sofort eine Antwort. Das zeigt, dass junge Menschen meist aus vielen und auch einfachen Dingen Energie und Lebensfreude gewinnen können. Älteren Menschen scheint diese Gabe verloren gegangen zu sein. Die Bedürfnisse der Menschen sind jedoch verschieden und so wie jeder etwas anderes als Belastung empfindet, so gibt es auch verschiedene Möglichkeiten, zu entspannen und seine Energiereserven wieder aufzutanken.

Fangen Sie damit an, Ihre Gedanken zu beobachten und aufmerksam zu sein. Schauen Sie genau hin, in welchen Situationen Sie sich gestresst, schlapp oder antriebslos fühlen und was Sie dabei denken und empfinden. Viele Menschen haben den Bezug zu sich und dem eigenen Körper verloren und funktionieren nur noch, bis sich irgendwann der Körper zu Wort meldet und nach Aufmerksamkeit schreit. Versuchen Sie, Dinge nicht gleich zu bewerten, sondern erst einmal einfach nur wahrzunehmen, was in Ihnen vorgeht. Wir müssen wieder lernen, auf unsere innere Stimme zu hören und uns darauf zu konzentrieren, was uns wirklich gut tut. Nur so merken wir rechtzeitig, wann die eigene „Batterie" schwach wird und können dementsprechend vorbeugen und handeln. Zeit ist unser höchstes Gut! Nehmen Sie die Momente wieder bewusst wahr statt von einem Termin zum nächsten zu hetzen.

So, nun möchte ich Ihnen Möglichkeiten vorstellen, zu sich zu kommen, die eigene Mitte, wie man so schön sagt, zu finden. Das heißt: Augen schließen, um sich eine Auszeit von Fernsehen und Computer zu gönnen, bewusst essen, um die Zunge wieder natürliche Aromen schmecken zu lassen, Ruhe finden, um positiven Gedanken Platz zu machen. „Erkenne Dich selbst!" Machen Sie den Spruch der alten Kulturen Griechenlands zu Ihrem Mantra! Ihr Ziel soll sein, sich die eigene Natur bewusst zu machen und im Einklang mit ihr zu leben.

Nehmen Sie sich eine Auszeit von belastenden, schweren Gedanken und werfen Sie Ballast ab. Dazu brauchen Sie keinen vierwöchigen Wellnessurlaub! Schaffen Sie sich kleine Ruheinseln im Alltag oder setzen Sie sich auf Ihre mentale Parkbank, um für ein paar Minuten abzuschalten. Take it easy! Nehmen Sie nicht alles so ernst und gönnen Sie sich kleine Pausen. Schlafen Sie genug, seien Sie gut zu sich, nehmen Sie mal ein entspannendes Fußbad vor dem Schlafengehen oder machen Sie in der Mittagspause einen kurzen Spaziergang an der frischen Luft!

Gehen Sie trotz oder gerade wegen des miesen Wetters vor die Türe oder sehen sich eine Ausstellung an – der frische Input, die Kreativität, die Sie erlebt haben, wird Sie mit einem guten Gefühl belohnen!

Nehmen Sie ruhig Ihre Kinder mit, regen Sie in der Schule einen Theater- oder Museumsbesuch an. Sie werden sehen, in der Gemeinschaft multipliziert sich das positive Gefühl sogar!

Der ältere Herr führte ein Beispiel an: Sehen Sie sich die Tiere an, die, um Energie zu sparen, im Winter in einen Winterschlaf verfallen, und lernen Sie, aus der Ruhe Kraft zu schöpfen. Trauen Sie sich, bewusst nichts zu tun, schalten Sie aktiv ab, denn nur so finden Sie zu sich und Ihrer Kraft zurück. Wenn das so einfach wäre, entgegnete Melanie. Wie schaffe ich das eigentlich – abzuschalten? Da gibt es verschiedene Methoden, wie Sie für sich alleine Energie schöpfen und neue Power tanken können. Mit folgenden habe ich besonders gute Erfahrungen gemacht, meinte der Mann neben ihr.

Autogenes Training

Das autogene Training basiert wesentlich auf autohypnotischen Techniken. „Autogen" bedeutet so viel wie „selber machen". Der Mensch kann seine Körperfunktionen wie Herzschlag, Temperatur und bestimmte Wahrnehmungen bewusst verändern. Im autogenen Training nutzen wir diese enge Körper-Geist-Bindung, und indem man Mantras oder Formeln wiederholt, bringt man sich in den gewünschten Bewusstseinszustand. Wie etwa: „Mein Bein wird ganz schwer und warm", „Ich werde ruhig und gelassen".

Neben körperlichen Veränderungen wie Lockerung der Muskeln und Verlangsamung des Atems treten auch psychische Veränderungen auf wie eine angenehme Ruhe, Erholung und Gelassenheit. Gerade nervöse oder auch depressive Menschen können mit Hilfe des autogenen Trainings viel erreichen. Es erfreut sich mittlerweile großer Bekanntheit und Beliebtheit, da man es sehr gut in den Alltag integrieren kann. Sie führen ganz bewusst einen Entspannungsmoment herbei, was der Phase des Einschlafens nicht unähnlich ist. Autogenes Training können Sie jeden Tag für ein paar Minuten anwenden. Am besten, Sie belegen einen Kurs an der Volkshochschule oder lesen entsprechende Lektüre zur Einführung.

ÜBUNG

- » Legen Sie sich entspannt auf den Rücken.
- » Die Füße liegen hüftbreit auseinander.
- » Die Fußspitzen fallen locker nach außen.
- » Die Arme liegen neben dem Körper, die Handflächen zeigen nach oben, die Augen sind sanft geschlossen, die Zunge liegt entspannt im Mund.
- » Sagen Sie sich mehrmals im Geist „Ich bin vollkommen ruhig und gelassen" und lassen Sie mit jeder Ausatmung den Stress des Tages herausfließen.
- » Nehmen Sie wahr, wo Ihr Körper den Boden berührt, wie er vom Boden getragen wird.
- » Lassen Sie sich ganz fallen. Atmen Sie weiter und lassen Sie mit jedem Ausatmen verbrauchte Energie los. Atmen Sie dann frische Energie ein.
- » Am Ende wecken Sie sich sanft auf, indem Sie erst Hände und Füße bewegen, sich dann strecken und recken, um sich anschließend vorsichtig aufzusetzen. Diese Übung dauert ca. 10 Minuten.

Wenn Sie die Möglichkeit haben, nutzen Sie ein Power-Napping als Energiedusche zwischendurch. Entscheidend ist, dass Ihr Nickerchen nicht länger als 20 Minuten dauert.

Wer für ungewöhnliche und esoterische Behandlungs- und Selbsterfahrungsmethoden offen ist, kann sich näher über Reiki informieren oder sich zum Beispiel eine Chakrenenergiemassage gönnen.

Stress-Impfung

Die Stress-Impfung soll, wie der Name schon sagt, den eigenen Organismus gegen Stress immun machen. Das Training wird präventiv, also vorbeugend, angewandt und hat beispielsweise für Menschen, denen eine besonders schwierige Situation bevorsteht, wie etwa eine Operation, einen großen Nutzen. Auch für Kinder ist es wichtig, Stress kennenzulernen, um später einmal richtig mit ihm umgehen zu können. Kinder, die in Watte gepackt aufwachsen, haben es später einmal schwer, in belastenden Situationen zu bestehen. Stressresistente oder an Stress gewöhnte Menschen sind weniger ängstlich, optimistischer und gelassener. Das Training besteht darin, die körperlichen Symptome von Schmerz, Angst, Unwohlsein etc. sehr bewusst wahrzunehmen, also Veränderungen des Herzschlags, des Atems, der Schweißabsonderung, des Blutkreislaufs, mögliche Muskelanspannungen usw. Bestimmte Entspannungsverfahren können diese körperlichen Reaktionen auf Stress und Angst eindämmen.

Die Übung geht dahin, dass man sich bestimmte Stresssituationen vorstellt, sich der eigenen negativen Denkvorgänge bewusst wird und sich selbst in Form von Selbstgesprächen Mut zuspricht. Die Stressimpfung kann von einem erfahrenen Coach durchgeführt werden. Hier ein paar Tipps, wie Sie sich die Fertigkeiten selbst aneignen können:

ÜBUNG

1. Wissen – Was stresst mich?
Zuerst einmal müssen Sie lernen, sich bewusst zu werden, WAS Ihnen Kraft raubt, indem Sie Ihre Gedanken beobachten und analysieren. Ziel ist, frühzeitig emotionale Reaktionen zu erkennen, um Ihre Gefühle zu beeinflussen und gelassener zu werden.

2. Selbstvertrauen und Anweisungen an sich selbst
Sie lernen jetzt, kognitive Bewältigungsstrategien, indem Sie unter einer künstlich geschaffenen oder eingebildeten Stresssituation die Situation analysieren und entsprechend Ihre Gedanken umlenken, um das Verhalten zu ändern. Hilfreich sind Mantren oder Selbstgespräche wie „Du kannst es jetzt nicht mehr ändern, also stelle dich der Situation" oder „Du schaffst es", „keine Panik!", „cool bleiben, bloß nicht aufregen!"

3. Eigenständige Problembewältigung
Sie wenden die Technik der Selbstinstruktion im Alltag an. Irgendwann wird sich ein Automatismus einstellen und Sie sind wie geimpft gegen Stress!

Feldenkrais

Diese Methode von Moshe Feldenkrais gründet auf der Annahme, dass der Mensch im Wesentlichen von drei Faktoren geprägt ist: der Vererbung, der Erziehung und der Selbsterziehung. Nur letzteres kann man selbst beeinflussen.

Nach Feldenkrais kann man sein eigenes Verhalten gegenüber seinen Gefühlen, dem Verstand und gegenüber dem eigenen Körper ändern. Der Weg geht über eine Sensibilisierung der eigenen Gefühle und Bedürfnisse, die durch Körperarbeit erreicht werden kann.

Auch Kinder können sehr gut Feldenkrais-Übungen machen, um ein besseres Körpergefühl zu erlangen und Stress abzubauen. Durch die oft ungewöhnlichen Bewegungen lernen Kinder ihren eigenen Körper besser kennen. Auch Kinder, die sich schlecht konzentrieren können, profitieren von den Übungen. Dabei geht es nicht darum, ein bestimmtes Ziel zu erreichen, zu gewinnen oder besser als die Freunde zu sein, sondern einfach um die Bewegung an sich.

ÜBUNG

» Legen Sie sich auf eine Matte oder eine Decke auf den Boden.

» Atmen Sie tief in den Bauch ein und entspannen Sie sich. Stellen Sie sich, beginnend beim Kopf bis zu den Füßen, alle Ihre Körperteile einzeln vor und spüren Sie sie bewusst. Gehen Sie dabei langsam und konzentriert vor.

» Vielleicht stellen Sie nun fest, dass Sie manche Körperteile besser spüren und andere weniger. Versuchen Sie, alle Körperteile bewusst wahrzunehmen und zu erspüren.

» Sie liegen immer noch auf dem Boden.

» Spüren Sie, wo Ihr Körper Kontakt zum Boden hat? Wie liegen Sie auf dem Boden? Welche Ihrer Körperteile „hängen" in der Luft? Beginnen Sie am Kopf: Wie groß ist die Fläche, die Kontakt zum Boden hat? Wie fühlt sie sich an? Wie groß ist der Zwischenraum unter der Halswirbelsäule? Welche Wirbel berühren den Boden? Fühlen Sie nach und nach alle Ihre Körperteile und spüren Sie in Ihren Körper hinein.

Progressive Relaxation

Bei der Progressiven Relaxation oder auch Progressiven Muskelentspannung geht es darum, eine willentliche Kontrolle über bestimmte Muskelgruppen auszuüben. Edmund Jacobson erkannte, dass innere Unruhe, Stress und Nervosität mit einer Anspannung der Muskulatur antwortet. Ist ein Mensch innerlich verspannt, verkrampfen sich auch seine Muskeln. Allerdings gilt auch der umgekehrte Fall: Werden die Muskeln gelockert, lösen sich auch bestimmte Anspannungen in unserem Inneren. Wir fühlen uns gelockert, erholt und entspannt. Wieder ein Beispiel für den engen Zusammenhang zwischen Geist und Körper! Die Progressive Muskelrelaxation wird immer beliebter, da die Übungen etwas „handfester" sind als etwa beim autogenen Training. Wie auch bei den anderen vorgestellten Entspannungstechniken steigern Sie auch hier Ihre Selbstaufmerksamkeit. Indem Sie sich selbst bewusster wahrnehmen und auf sich hören, können Sie Verspannungen bereits in den Anfängen beseitigen. Gerade wenn Sie nicht unter übermäßig schmerzhaften Verspannungen leiden, können Sie mit den Übungen große Erfolge erzielen.

Ein bisschen Geduld und Ausdauer brauchen Sie allerdings schon! Am wirkungsvollsten ist es, wenn Sie die Übungen täglich anwenden und über mehrere Wochen ausüben. Am besten, Sie belegen einen Kurs in der Volkshochschule, in speziellen Praxen oder Gesundheitszentren.

ÜBUNG

» Setzen Sie sich bequem auf einen Stuhl. Der Rücken ist angelehnt, die Füße stehen fest auf dem Boden.

» Schließen Sie die Augen und legen Sie die Hände locker auf die Oberschenkel.

» Ballen Sie die rechte Hand zur Faust, bis Sie die Muskeln deutlich spüren, jedoch ohne zu verkrampfen. Halten Sie die Spannung etwa fünf bis zehn Sekunden.

» Ertasten Sie mit der anderen Hand die gespannten Muskeln an Faust und Unterarm. Beim nächsten Atemzug lösen Sie die Spannung.

» Sie öffnen die Faust und lassen den Arm für 30 Sekunden ruhig liegen. Achten Sie auf den Unterschied zwischen der Anspannung vorher und der Entspannung jetzt und spüren Sie die entspannte Weichheit.

» Diese Übung können Sie auch auf Arme und Nacken sowie auf Bauch-, Bein- und Fußmuskulatur übertragen.

Meditation

Eigentlich ist die Meditation eine religiös motivierte Versenkungsübung. Sie stammt aus dem östlichen Kulturkreis und bedeutet „Weg nach innen". Mithilfe von körperlicher Entspannung, Schweigen und innerem Bewusstwerden soll man Gelassenheit und Harmonie erreichen. Individuelle Bedürfnisse, Schmerzen etc. werden ausgeschaltet, um mit dem Höchsten, dem Absoluten, dem All-Einen eins zu werden.

Ziel der Meditation ist weniger die körperliche Entspannung als geistiges Wachstum. Der Meditierende nimmt dabei eine ganz bestimmte Körperhaltung ein und konzentriert sich auf ein Mantra (das ist ein sinnentleertes Klangwort), auf ein „Koan" (das ist ein Paradoxon) oder auf den eigenen Atem. Schön ist, dass jeder meditieren kann. Der Anfänger sitzt am besten im Schneidersitz auf dem Boden und lässt sich ganz auf den Augenblick ein. Das klingt leichter als es ist, versuchen Sie es einfach!

Wenn Sie regelmäßig üben, werden Sie beobachten, dass Sie mit der Zeit ruhiger und konzentrierter werden. Man kann alleine oder auch in der Gruppe meditieren. Versuchen Sie doch mal, mit Ihren Kindern zu meditieren. Weil es Kindern noch schwerer fällt als Erwachsenenen einfach still zu sitzen, sollte die Meditation auch nicht zu lange dauern. Im Anschluss können Sie fragen, wie es für die Kinder war, was sie sich gedacht haben, wie sie sich gefühlt haben, wann sie unruhig wurden und ob sie die Übung mögen.

ÜBUNG

- » Setzen Sie sich auf ein nicht zu weiches Kissen.
- » Der Rücken ist gerade und aufrecht, die Hände ruhen auf den Knien. Daumen und Zeigefinger können einander berühren.
- » Ihr Atem geht leicht.
- » Die Augen sind nicht ganz geschlossen, die Lider sind nur leicht herabgesunken.
- » Richten Sie Ihren Blick auf einen Gegenstand in der Nähe oder auf den Boden. Ihre innere Konzentration richtet sich auf die Region unterhalb des Bauchnabels.
- » Versuchen Sie, aufkommende Gefühle und Gedanken nicht zu beachten.
- » Falls Ihre Aufmerksamkeit abschweift, versuchen Sie sie wieder auf die Bauchnabelregion hinzulenken und spüren Sie dort wohlige Wärme.

Yoga

Yoga ist eine der ältesten Methoden, um Entspannung und Ruhe zu finden und erfreut sich momentan großer Beliebtheit. Durch die Übungen steigern Sie Ihre Konzentrationsfähigkeit sowie Ihre Beweglichkeit und Sie bekommen neue Energie.

Durch Regelung und Kontrolle des Atems, der im Yoga Sinnbild unserer Lebensenergie ist, schöpfen wir neue Kraft und erhalten im wahrsten Sinn des Wortes „einen langen Atem". Durch die unzähligen Yogahaltungen, „Asanas" genannt, wird unser Körper beweglich und energiedurchlässig, flexibel und frisch. Durch die Dehnung bestimmter Körperteile können auch verschüttete und hindernde Emotionen freigesetzt werden, was als Befreiung und positives Gefühl wahrgenommen wird.

Da man immer im Atemfluss übt und sich im Idealfall weder unter-, noch überfordert, ist Yoga eine sehr konzentrierte und meditative Art, seinen Körper flexibel und jung zu erhalten. Nach einer Yogastunde fühlen wir uns meistens energetisiert und wohl. Wie wäre es denn, ein paar Minuten Yogapause zuhause oder zwischen den Unterrichtsstunden einzubauen? Das Schöne am Yoga ist, dass Sie nichts brauchen – außer sich selbst und vielleicht eine Matte.

ÜBUNG

Schulterkreise zur Entspannung des Schulter- und Nackenbereichs

» Setzen oder stellen Sie sich in entspannter Haltung hin.
» Atmen Sie 3–5 mal ruhig und tief in den Bauch ein und aus.
» Rollen Sie die Schultern mit dem Einatmen nach hinten.
» Lassen Sie die Schultern beim Ausatmen fallen und stellen Sie sich vor, dass Sie alle Belastungen und Anspannungen damit herausatmen.

LEBENS-MITTEL: NAHRUNG ALS ENERGIEQUELLE

Was hat unsere Ernährung mit Entspannung und Energie zu tun?, fragte ihn Melanie ungläubig. Eine ganze Menge. Was wir essen und die Art und Weise, wie wir es tun, spielt eine große Rolle. Aber Essen sollte in erster Linie Freude machen, sagte der alte Mann.

Wir ernähren uns, um neue Energie zu bekommen. Je abwechslungsreicher wir uns ernähren, desto besser sind wir mit allen Vitaminen und Mineralstoffen versorgt und umso geringer ist die Gefahr, dass wir einen Mangel an einem bestimmten Nährstoff haben. Gestalten Sie Ihre gesunde Ernährung nicht zu kompliziert. Gesunde Ernährung ist ganz einfach! Gewöhnen Sie sich an, jahreszeitlich einzukaufen, und bevorzugen Sie regionale Produkte! Entscheidend ist nicht, dass das Rezept sehr kompliziert ist und möglichst viele exotische Zutaten hat, sondern dass Sie Freude am Kochen haben und nicht schlechte Laune beim verzweifelten Versuch bekommen, einen bestimmten chinesischen Pilz aufzutreiben. Nehmen Sie sich bewusst Zeit zum Essen und decken Sie den Tisch ansprechend und liebevoll!

Bücher über gesunde Ernährung füllen ganze Bibliotheken und wer möchte, kann sich mit den verschiedensten Ernährungsregeln

> » Tue deinem Körper Gutes, damit deine Seele Lust hat, darin zu wohnen. «
>
> *Theresa von Avila*

und -theorien und Diäten beschäftigen. Hier ist kein Platz, all die Ernährungsphilosophien aufzuzählen, die es gibt. Sie sollten sich nur merken, Ihre Nahrung wieder mehr wertzuschätzen. Beim Essen geht es letztendlich darum, sich selbst etwas Gutes zu tun, um die Fähigkeit zu genießen und vor allem um die Aufnahme von neuer Energie. Essen soll Spaß machen, und man sollte sich anschließend fit fühlen und nicht müde und voll. Machen Sie Ihre Küche zum Herz Ihrer Wohnung, wo Sie und Ihre Familie gerne auftanken! Achten Sie auf Ihre Bedürfnisse und wenn Sie Lust auf Süßes haben, naschen Sie ruhig etwas Honig, Obst oder ein paar Nüsse, auch Schokolade ist erlaubt– übrigens je dunkler, desto besser. Ihr Körper zeigt Ihnen, was er braucht.

„Mens sana in corpore sano" lautet ein lateinischer Spruch. Er bedeutet „ein gesunder Geist in einem gesunden Körper" und wie kann man Krankheiten besser vorbeugen als durch eine ausgewogene, frische und vollwertige Ernährung?

Essen ist Genuss

Der sympathische Herr packte ein Stück Kuchen aus seiner Jackentasche und bot es Melanie an. Während sie aßen, fuhr er fort zu erzählen: Stellen Sie sich den Geruch eines Kuchens in der Backröhre, den Geschmack von Plätzchenteig, von selbstgepflückten Erdbeeren und selbstgemachtem Hagebuttenmus vor. Es ist gar nicht so schwer, Essen zu genießen, oder?

Nehmen Sie sich als Übung vor, nur noch im Sitzen zu essen – und zwar ganz bewusst. Lassen Sie sich nicht durch Fernsehen, Telefonate oder Zeitungen ablenken, sondern konzentrieren Sie sich ganz auf die Nahrung, die Sie gerade zu sich nehmen. Vor allem wenn Sie alleine essen, kann das am Anfang ganz schön schwierig sein, aber die Mühe lohnt sich! Achten Sie genau auf den Geschmack, riechen Sie den Duft der Speise und achten Sie auf Ihren Appetit. Auch hier gilt: Man sollte immer dann aufhören, wenn es am besten schmeckt. Wer sich richtig satt isst, bis der Bauch spannt und der Gürtel ein Loch weiter geschnallt werden muss, fühlt sich nicht gestärkt, sondern nur schlapp und schwer.

Lassen Sie sich die Lebensmittel bewusst auf der Zunge zergehen. Was mögen Sie daran? Was nicht? Mit diesen Konzentrationsübungen schärfen Sie nicht nur Ihre Sinne, sondern entwickeln ein bewussteres Gefühl für das, was Ihnen gut tut. Essen ist ja nicht nur reine Lebenserhaltung, sondern soll uns auch Lust und Freude bereiten. Essen Sie ab jetzt immer an einem festen ruhigen Platz im Sitzen, statt in der U-Bahn oder auf dem Weg zur Arbeit irgendetwas wahllos hinunterzuschlingen!

Home-made statt Designer-Food

Soll das heißen, dass ich ab jetzt auf die leckeren Pommes und die Currywurst am Marktstand verzichten muss?, fragte Melanie fast widerwillig. Und war erleichtert, als der Mann ihr entgegnete, dass man mit einer abwechslungsreichen und nährstoffreichen Kost gar nichts falsch machen kann. Auch der Hamburger oder das Eis im Sommer sind erlaubt, sofern diese Dinge die Ausnahme und nicht die Regel sind. Auf das richtige Maß kommt es eben auch bei der Ernährung an, meinte der Alte lächelnd. So frisch wie möglich sollten die Lebensmittel sein und am besten „bio"! Die meisten Fertiggerichte sind von der Lebensmittelindustrie hergestellte billige Kalorienbomben, enthalten viel zu viel Zucker und leere Kohlenhydrate.

Es besteht ein riesiger Unterschied zwischen einer Fertigpizza und einem selbstgekochten Nudelgericht. Abgepacktes ist oft voller Zusatzstoffe, so dass sich die Zutatenliste wie der Beipackzettel eines Medikaments liest. Nur in natürlicher Kost stecken all die wichtigen Stoffe, die der Körper braucht und die langfristig für unser Wohlbefinden sorgen. Je geringer verarbeitet, desto besser! Außerdem macht Kochen Spaß und ist kreativ. Wer nicht mehr weiß, dass man beim Zwiebelschneiden weinen muss und dass man Kartoffeln nicht roh essen kann, hat etwas verpasst. Wer keine Spaghetti mit Tomatensauce zubereiten, sondern nur noch Tütennudeln kochen kann, kann auch seinen Kindern nichts anderes anbieten. Nur wer selbst kocht, weiß, was er isst und wovon er sich ernährt. Wer sich genauer über Inhaltsstoffe diverser Produkte informieren will, kann im Internet nachsehen,

zum Beispiel beim Verein für Konsumenteninformation (VKI) in Österreich oder beim aid-Infodienst.

Viele industriell verarbeitete Lebensmittel, vor allem Fertigmischungen oder lösliche Pulver, sind mit Vorsicht zu genießen. Tiefkühlprodukte hingegen sind nicht generell schlecht. Gemüse zum Beispiel ist meist erntefrisch tiefgefroren und dadurch oft noch reich an Vitaminen.

Nichts ist wirklich verboten

Planen Sie Naschen mit ein und gönnen Sie sich ab und zu ein Stück Schokolade, im Sommer ein Eis von der Eisdiele oder im Kino Popcorn. Wer sich ab und zu mal kleine Sünden gestattet, macht sich selbst glücklich. Strikte Verbote sind sowieso nur dazu da, gebrochen zu werden. Wenn schon, denn schon! Kaufen Sie keine fettarmen oder „light"-Produkte, denn die enthalten oft mehr Zucker. Wenn Sie Lust auf Sahnetorte haben, dann braucht der Körper sie eben. Geben Sie ruhig nach, anschließend wird Ihr Bedürfnis eher gestillt sein, als wenn Sie 3 Becher 0%-Joghurt essen und dann immer noch Lust auf Sahnetorte haben. Seien Sie freundlich zu Ihren Gelüsten und verdammen Sie sich nicht. Gönnen Sie sich bewusst etwas Süßes.

Lernen Sie, echten Hunger von Appetit und Gelüsten zu unterscheiden! Warum essen Sie in diesem Moment, könnten Sie sich fragen. Essen Sie vielleicht, um sich mit etwas zu belohnen? Dann ist die Gefahr größer, dass Sie mehr essen als Sie brauchen, als wenn Sie essen, weil Sie nur hungrig sind. Essen Sie aus Frust oder Traurigkeit? Wenn die Seele satt werden soll, braucht sie etwas anderes: Freunde, ein Hobby, einen Gefühlsausbruch, Zärtlichkeit und Verständnis. Der erste Schritt zu einem bewussten Essen ist die Selbstbeobachtung. Lernen Sie Ihre Essgewohnheiten kennen, wann Sie essen und warum.

Ohne Wasser läuft nichts

Greifen Sie ruhig öfter zur Flasche, sagte der Mann, zur Wasserflasche allerdings – und trinken Sie einen über den Durst, am besten täglich! Gerade Wasser hat eine sehr große Bedeutung, fuhr er fort, da es energetisch eines der neutralsten Getränke ist. Thermisch ist das Wasser kalt, daher sollte man es lauwarm trinken bzw. kann man durch Abkochen (10 – 20 Min.) die verdauungsunterstützende Wirkung erhöhen, da es mehr Energie (Qi) enthält, auch im ausgekühlten Zustand.

Mindestens 1–1 1/2 Liter Wasser am Tag sollte man zu sich nehmen. Je mehr wir trinken, desto leichter hat es unser Körper, zu entgiften und sich von belastenden Stoffen zu befreien. Gerade wenn es heiß ist oder wir Sport treiben, brauchen wir viel Flüssigkeit, die der Körper in Form von Schweiß verliert. Weil wir Menschen keine Kamele sind und nicht auf Vorrat trinken können, müssen wir Flüssigkeitsverlust sofort ausgleichen. Ohne Wasser geht nichts. Kopfschmerzen, Müdigkeit und Konzentrationsstörungen sind oft ein Zeichen für Flüssigkeitsmangel im Körper. Wenn Sie Durst verspüren, ist das bereits ein Alarmzeichen! Am besten, Sie tragen immer eine kleine Wasserflasche bei sich. Das billigste Getränk ist Leitungswasser, es ist immer verfügbar, reich an Mineralstoffen und durch regelmäßige Kontrollen garantiert von einwandfreier Qualität. Säfte und Limonaden dagegen sollten Sie, wenn überhaupt, nur ab und zu trinken, denn in ihnen ist viel Zucker und oft Farb- und Aromastoffe enthalten. Alkoholische Getränke sind keine geeigneten Durstlöscher, denn Alkohol hat viele Kalorien und regt noch dazu den Appetit an.

Probieren Sie aus, was Sie am besten trinken können: Saftschorlen oder Wasser, warme oder kalte Getränke? Positiver Effekt: Wer mehr trinkt, hat automatisch weniger Hunger.

Alternative Ernährungslehren

Und woher weiß ich, was gerade für mich und meinen Körper das Richtige ist?, fragte Melanie den freundlichen Mann neben sich. Eine einzige Ernährungslehre, die für alle gleichermaßen gültig ist, kann es nicht geben, denn jeder Körper, jeder Lebensstil ist anders und wir müssen darauf Rücksicht nehmen.

Natürlich wissen wir, welche Nahrungsmittel grundsätzlich unserer Gesundheit eher schaden und welche sie begünstigen. Dass frische und möglichst nährstoffschonend zubereitete Lebensmittel gesund sind und Obst möglichst unbehandelt gekauft werden sollte, ist eigentlich klar, doch was unser Körper speziell braucht, wissen wir oft nicht so genau.

Seien Sie neugierig und interessieren Sie sich für die unterschiedlichen Ernährungslehren von Ayurveda bis TCM (traditionelle chinesische Medizin) und picken Sie sich das heraus, was gut für Sie ist! Hier ein Rezept, was sicher jeden erfrischt:

Energiefrische für stressige Tage

Rezept: bunter Salat mit Minzdressing
Fühlen Sie sich angespannt und schlapp? Der Duft von Pfefferminze steigert die Motivation, Aufmerksamkeit und Leistungsfähigkeit, mindert Müdigkeit und regt gleichzeitig das zentrale Nervensystem an.

Der gleiche Effekt wird übrigens auch durch Zimt bewirkt. Ein Minz- oder Zimtkaugummi zwischendurch macht schnell wieder fit!

ZUTATEN

- » 150g grüne Bohnen
- » Salz
- » 250 g Kirschtomaten
- » Salatgurke
- » 1 gelbe Paprika
- » 1 rote Zwiebel
- » Knoblauch
- » 1 Zweig Minze
- » 200g griech. Joghurt
- » 75 ml Milch
- » Pfeffer
- » Zucker
- » Zitronensaft
- » 50g schwarze Oliven

Bohnen waschen, putzen, in Stücke teilen und in Salzwasser 7 min garen. Kalt abschrecken und abtropfen lassen. Tomaten waschen, halbieren. Gurke waschen, längs teilen, entkernen, in Scheiben schneiden. Paprika waschen, teilen, entkernen, und in Rauten schneiden. Zwiebeln häuten, in Ringe schneiden. Alle Zutaten mischen und danach zugedeckt einige Stunden kühl stellen.

Für das Dressing: Knoblauch abziehen, pressen. Minze waschen, Blättchen abzupfen, fein hacken. Beides mit Joghurt und Milch glatt rühren. Mit Salz, Pfeffer, Zucker und Zitronensaft abschmecken. Dressing zugedeckt einige Stunden kaltstellen. Kurz vor dem Servieren den Salat mit den abgetropften Oliven vermischen. Dressing noch mal abschmecken und in einem Schälchen zum Salat reichen.

DIE KRAFT DER POSITIVEN AUSSTRAHLUNG

Wissen Sie, was mir sofort an Ihnen aufgefallen ist?, fragte Melanie ihren neuen Freund, Ihre Ausstrahlung! Sie wirkten so ungemein entspannt und „bei sich" und dabei so sicher, dass ich unbedingt wissen möchte, wie ich auch diese Kraft bekommen kann. Sie war regelrecht angesteckt von seiner Lebensfreude und den positiven Gefühlen, die er in ihr auslöste. Dabei ist es so einfach, sagte der Alte, schenken Sie den Menschen ein Lächeln und nehmen Sie sie vor allem wahr! Selbst über Telefon wirkt diese Ansteckung. Das beste Beispiel ist ein gutes Telefongespräch mit einem Freund oder einer Freundin, nach dem man sich frisch gestärkt, fröhlich und energiegeladen fühlt. Worauf Sie Ihre Gedanken richten, das bekommt Energie und wächst. Ich halte es mit Albert Einstein, der sagte: „Der Gipfel des Wahnsinns ist es, auf Veränderungen zu hoffen, ohne etwas zu verändern." Man muss schon etwas tun und am besten fangen Sie damit an, weniger negativ zu denken und freundlicher Ihren Mitmenschen gegenüber zu sein! Und Sie werden sehen, welche positive Energie zurückkommt!

Sicher kennen Sie das: Sie sitzen frühmorgens in der Bahn, haben einen guten Tag, sind freundlich, helfen jemandem und lächeln

diesen Menschen dabei nett an. Und Sie spüren, wie sich die positive Energie überträgt – und der eine oder andere nimmt dieses Lächeln auf, trägt es in sich, und – was Sie vielleicht nicht wissen – gibt Ihr Lächeln weiter. Denken Sie daran, wenn Sie positive Energie ausstrahlen: auch diejenigen werden erreicht, die es selbst vielleicht gar nicht sofort merken. Denn diese Leute gehen dann ins Büro, lächeln, und sagen: Das wird ein guter Tag – und wissen gar nicht genau, warum sie das denken. „Schuld" daran ist Ihr freundliches Lächeln.

Positive Energie ist nicht immer greifbar und schwer zu fassen. Aber sie ist ständig da, und es liegt auch an Ihnen, ob Sie sie verbreiten.

DAS RICHTIGE DENKEN

„Das, was du heute denkst, wirst du morgen sein." Dieser weise Spruch wird Buddha zugeschrieben, sagte der Mann, und zeigt, wie das Denken unser Tun beeinflusst, ja, lenkt! Die Art des Denkens bestimmt unsere Persönlichkeit. Ob wir optimistisch oder pessimistisch sind, ob wir lange für Entscheidungen brauchen oder eher spontan handeln, das alles spiegelt sich in unserer Persönlichkeit wider. Unsere Gedanken machen uns zu dem, was wir sind. Wenn wir allem gegenüber negativ eingestellt sind, zeigt sich das an unserer Mimik, wir laufen sauertöpfisch umher und verströmen schlechte Laune. Im schlimmsten Fall wenden sich die Leute sogar von uns ab.

„Richtiges Denken" heißt, Barrieren im Denken abzubauen, die uns das Leben schwer machen können, und uns zu öffnen, neugierig zu bleiben und den Mitmenschen ohne Vorbehalte zu begegnen. Sie denken richtig, wenn Sie

» unterschiedliche Wahrheiten akzeptieren können,
» vorschnelle Kategorisierungen vermeiden,
» fähig sind, sich selbst zu reflektieren.

Melanie fühlte sich immer noch schlapp und dachte daran, wie sie in die Eingangshalle ihrer Schule kam und der Direktor sie am

Morgen nur mit einem kurzen Blick grüßte, sie musterte, und sie sich insgeheim dachte: „Oh Gott, er denkt, ich schaffe das alles nicht!" Tatsächlich hatte der Direktor aber, als er sie gesehen hat, fast ein schlechtes Gewissen, und überlegte: „Jetzt hab' ich ihr schon wieder die schlimme 9c aufgebrummt, in die sie in ihrer Freistunde einspringen soll. Kann ich ihr das zumuten? Es ist irgendwie ungerecht von mir, aber sie kam bis jetzt immer so gut damit zurecht!" Klar, konnte Melanie das nicht ahnen.
Es gibt also unterschiedliche Wahrheiten. Jeder kennt nur seine eigenen Überlegungen und Absichten, seine eigene Wahrheit und stellt Mutmaßungen an über die Gedanken seiner Mitmenschen. Aber das sind stets nur Vermutungen, deren Wirklichkeit nie genau erfasst werden kann.

Sie sehen, Kommunikation ist ein Gebiet, in dem viele Missverständnisse entstehen können, die Sie wiederum belasten können. Paul Watzlawick hat über dieses Thema in seinen verschiedenen Büchern geschrieben. Machen Sie sich klar, dass es Ihre **Gedanken** sind, die Sie glauben machen, jener schaue Sie schief an oder mag Sie nicht. Das muss nicht der Realität entsprechen. Nur indem Sie offen aussprechen, was Sie fühlen und indem Sie Anderen Einblick in Ihre Gedankenwelt gewähren, bekommen Sie heraus, wie der Andere denkt und fühlt. Klingt einfach, aber genau an dieser Offenheit scheitert die Verständigung schon oft. Wenn Sie ein Problem mit einer Person haben, suchen Sie direkten Kontakt, um die Situation aufzuklären! Egal wie das Gespräch ausfällt, klare Verhältnisse sind vagen Vermutungen doch immer vorzuziehen, oder?

STEIGERUNG DER SELBSTREFLEXION

In Situationen, in denen wir uns ärgern, neigen wir dazu, die Ursache für das Ärgernis beim anderen zu suchen. Es hilft in solchen Situationen, sich zurückzunehmen und zu prüfen, ob man vielleicht auch selbst etwas zum Verlauf der Situation beigetragen haben könnte. Es ist ein Zeichen von Stärke, wenn Sie in einem Konflikt erkennen und zugeben können, wo Ihre Schwachpunkte in der Situation lagen. Denken Sie nun bitte nicht, ich erwarte von Ihnen, dass Sie in Konfliktsituationen stets der Schuldige sein sollen, sagte der Mann freundlich und wischte sich ein paar Krümel von der Jacke. Nein, mein Rat besteht darin, dass Sie auf jede Konfliktsituation nicht nur reagieren sollen, sondern sich kurz besinnen, um zu überprüfen, was Sie zur Eskalation beigetragen haben könnten. Wenn Sie nach dieser gründlichen Überprüfung immer noch nichts finden, ist das in Ordnung.

Als Übung für den Alltag empfiehlt er Melanie Folgendes:

» Das Denken ist das Selbstgespräch der Seele. «

Plato

ÜBUNG

Bei der nächsten Auseinandersetzung mit einem Kollegen suchen Sie einen Punkt, worin Sie sich konfliktbeteiligt sehen. Sie finden keinen? Fragen Sie Ihr Gegenüber, worin es Ihre Beteiligung am Konflikt sieht und was es an Ihrer Argumentation als störend oder falsch ansieht. Überprüfen Sie dann Ihr Argument erneut. Ist vielleicht doch etwas nicht in Ordnung?

In Konflikten nach eigenen Fehlern zu suchen anstatt Schuldzuweisungen zu machen, erhöht die Chancen auf eine konstruktive Lösung des Konflikts erheblich.

Außerdem: Es ist viel leichter, sich selbst zu ändern als andere!

INTUITION SPART ENERGIE

Wenn Sie das nächste Mal abgespannt und unzufrieden sind, versuchen Sie, rechtzeitig auf Ihr Bauchgefühl, Ihre Intuition zu achten, sagte der Alte. Intuition, wunderte sich Melanie, was hat das mit Energie zu tun?

Am besten lässt sich Intuition als inneres nicht-rationales Gespür für Situationen bezeichnen. Eine intuitive Meinung bildet sich schnell und ist zunächst von rationalen Abwägungen unbeeinträchtigt. Wir wollen das eine nicht gegen das andere ausspielen. Ideal wäre eine Balance von beidem – eine Harmonie von Kopf und Bauch.

In unserer heutigen Zeit und Gesellschaft hat der Verstand das Sagen – alles, was nicht wissenschaftlich belegbar ist, gilt als wenig nützlich. Und doch sagen wir manchmal nach bestimmten Ereignissen: „Das hab ich mir gleich gedacht.", und meinen damit „gefühlt", oder im negativen Fall haben Sie „Bauchschmerzen" mit einer bestimmten Angelegenheit. Das heißt, Sie machen sie nur widerwillig. Das kennen Sie sicherlich auch?

Auch in der Erziehung wird deutlich stärker auf die Ausprägung von logischem Denkvermögen als auf die Förderung der Intuition geachtet. Dies sind Gründe, warum unsere ureigenste Intuition immer mehr in den Hintergrund gedrängt wird. Doch in der komplexen Welt kann uns Intuition in vielen Lebenslagen helfen. Damit ist nicht gemeint, dass wir von nun an unser Gehirn ausschalten und nur noch nach Gefühl handeln, wie wir im Kapitel „Das richtige Denken" gesehen haben.

In manchen Entscheidungen können wir viel Zeit und Energie sparen, indem wir auf unser „Bauchgefühl" hören, statt uns tagelang das Gehirn zu zermartern, um zu einem Ergebnis zu kommen, was wir „ja gleich gewusst haben". Es gehört ein bisschen Mut dazu, einen so gefassten Entschluss bei anderen durchzusetzen, da man intuitive Entscheidungen oft nicht so gut begründen kann wie rationale.

Sitzt denn die Intuition wirklich im Bauch?, fragte Melanie ihren Bekannten. Nein, Ihre Intuition ist genauso „kopf-gemacht" wie Ihre Ratio, entgegnete der Alte. Ich will es Ihnen erklären: Hier geht es um die Sache mit den Gehirnhälften:

Stellen wir uns unser Gehirn wie zwei Walnusshälften vor. Die linke, die für das logisch-rationale Denken zuständig ist, wird bei fast allen Menschen zur Problemlösung herangezogen. Die rechte Gehirnhälfte, unter anderem zuständig für die Fähigkeit zur Intuition, wird dagegen oft vernachlässigt. Sie wirkt eher im Hintergrund und funktioniert gefühlsbezogen und assoziativ. In der rechten Gehirnhälfte sind auch eine Menge Sinneseindrücke, Erinnerungen und Gefühle gespeichert. Sie können sich vorstellen, dass, wenn wir beide Gehirnhälften gleichermaßen nutzen

könnten, wir sehr effizient und umfassend handeln könnten. Sie werden sich aber häufiger intuitiv, das heißt unbewusst entscheiden, als Sie denken, zum Beispiel beim Einkaufen. Wägen Sie wirklich bei jedem Produkt, das Sie in der Hand halten, das Für und Wider ab, oder entscheidet nicht doch letzten Endes das Gefühl, der Bauch oder so etwas wie Sympathie, was im Einkaufswagen landet? Sehr viele Entscheidungen im Alltag treffen wir gefühlsmäßig. Würden wir uns über jede Kleinigkeit den Kopf zerbrechen, würden wir nicht weit kommen, daher treffen wir viele Entscheidungen automatisch und unbewusst.

Das logische Denken ist dagegen meist anstrengend und langsam. Manchmal bleibt Ihnen gar keine Zeit für eine lange Entscheidungsfindung. Sie sind gezwungen sich rasch und spontan zu entscheiden. Dann kann Ihnen Ihre persönliche Intuition helfen. Wenn wir intuitiv denken, brauchen wir nur wenige Fakten oder Anhaltspunkte, um zu einem Urteil zu gelangen oder uns

> » Intuition ist der natürliche Gegenpol zur Konzentration – nutzen sollte man beides, jedes zu seiner Zeit. «
>
> *Rüdiger Keßler*

zu entscheiden. Das ist der Grund, warum wir nur relativ wenige Informationen brauchen, um uns einen ersten Eindruck von einer Person zu machen.

Jeder Mensch verfügt über sein eigenes Wissen, seine individuelle Intuition, gespeist von Erfahrungen und Gefühlen der Vergangenheit. Nun, wenn Sie bereits Interesse für die unbewussten Dinge des Lebens haben, wird Ihnen der Zugang nicht allzu schwer fallen. Als überzeugter Rationalist haben Sie es natürlich etwas schwerer, aber Sie sollten es dennoch versuchen, Sie können nur profitieren! Wenn Sie lernen, die Kraft Ihrer Intuition zu nutzen, können Sie Entscheidungen schneller und ganzheitlicher treffen. Sie können Ihre Intuition schärfen, indem Sie Zugriff auf Ihr Unterbewusstsein nehmen. Das mag sich jetzt etwas seltsam anhören, aber stellen Sie sich Folgendes vor:

Sie haben schon lange angestrengt über die Lösung eines Problems (z. B. den Umgang mit einem schwierigen Schüler) gegrübelt und kommen zu keiner Lösung. Auf einmal — Sie beschäftigen sich gerade gar nicht mit der Lösung des Problems (tun gerade etwas Angenehmes wie ein Bad nehmen) — da taucht die Lösung des Problems ganz unvermittelt vor Ihrem inneren Auge auf. Sehen Sie, genau das war Ihre Intuition! Im entspannten Zustand können Sie am leichtesten in Kontakt mit

Ihrem Unterbewusstsein treten. Wenden Sie die Entspannungsmethode an, die Ihnen am meisten zusagt, z. B. Meditationen, spezielle Atemtechniken zur Entspannung, …

Dan Millman sagt über die Intuition: „Du kannst auch auf deine Intuition vertrauen und sie dir zunutze machen, ohne genau zu wissen, was dabei in deinem Inneren abläuft. Der Schlüssel, der dir das Tor dazu öffnet, heißt Vertrauen."

» Vertrauen Sie Ihren Gefühlen für die Lösung eines Problems!

» Nehmen Sie Abstand vom Problem, lassen Sie los, entspannen Sie! Nur im entspannten Zustand können Sie wieder empfangen.

» Hören Sie in sich selbst und auf sich selbst, wenn Sie sich nicht sicher sind! Rat guter Freunde ist wertvoll, doch in vielen Dingen wissen nur Sie selbst, was gut für Sie ist!

Ein Beispiel

Schauen Sie mal, der Mann legte seine Hand auf Melanies Arm, Sie überlegen zum Beispiel bezüglich eines Projekts Ihrer Schulklasse, welches Thema Sie als nächstes durchnehmen möchten. Jetzt könnten Sie sich von rationalen Argumenten leiten lassen, z. B.:

» Dieses Thema ist gerade „in",

» meine Kollegin hat für dieses Projekt bereits Material,

» dieses Thema würde dem Direktor am besten gefallen,

oder Sie hören auf Ihre Intuition und vertrauen Ihrem Gefühl, welches Thema Ihnen am besten liegt. Sie werden sehen, so wird Ihr Unterricht am erfolgreichsten!

Sie können die intuitive Entscheidungsfindung auch unterstützen, indem Sie sich etwa fragen: „Was, wenn es mir schon klar wäre?" Das bedeutet, Sie versuchen, sich die Situation vorzustellen, wie sie wäre, wenn Sie sich bereits entschieden hätten.

Es kommen einem die besten Gedanken, wenn man gerade nicht denkt, eben weil unsere Intuition dann nicht durch die Ratio blockiert wird. Glauben Sie an sich und Ihre Körper-Intelligenz!

Trainieren Sie Ihre Intuition!

Das können Sie z. B. tun, indem Sie, wenn das nächste Mal das Telefon klingelt, raten, wer am Apparat ist. Nehmen Sie es spielerisch und sehen Sie es als eine Art Übung. Sie können Ihre Fähigkeit zur Intuition auch dadurch trainieren, indem Sie sich bei Ihren Mitmenschen vergewissern, ob Sie ihre Verfassung richtig eingeschätzt haben. Gerade auch Lehrer sollten das in hohem Maße können. Oder trainieren Sie Ihre Menschenkenntnis, indem Sie auf einer Party raten, wer welchen Beruf ausübt, wer verheiratet, wer Single ist. Spielen Sie mit Ihren Eingebungen und trauen Sie sich, sie auszusprechen!

Wenn Sie konkret ein Problem lösen möchten, nehmen Sie sich folgende Übung zu Hilfe:

ÜBUNG

1. Visualisierung

» Ziehen Sie sich an einen ruhigen Ort zurück und schließen Sie die Augen!

» Stellen Sie sich vor, Sie sind in einem Raum mit vielen Kisten. Sie stehen in der Mitte des Raumes und hören eine Stimme. Diese Stimme sagt Ihnen, dass sich in diesen Kisten Hinweise für eine Entscheidung befinden.

» Sie dürfen sich eine Kiste aussuchen, die Sie öffnen. Sie brauchen keine Angst zu haben, es wird und es kann Ihnen nichts passieren. Sobald Sie sich für eine Kiste entschieden haben, gehen Sie auf sie zu.

» Wenn Sie sicher sind, dass Sie sich für die richtige Kiste entschieden haben, dann öffnen Sie diese. Das, was Sie in der Kiste finden, können Sie nun in Beziehung zu Ihrem Problem setzen. Schreiben Sie sich am besten auf, was Sie gesehen haben. Ganz egal, wie unsinnig das auch sein mag.
Wichtig ist Ihr spontaner Einfall.

Sie können diese Übung geistig so lange fortsetzen, wie Sie wollen. Wenn Ihnen im Alltag etwas zusätzlich einfällt, schreiben Sie es zusätzlich auf die Liste. Überlegen Sie sich dann mögliche Deutungen. Natürlich können Sie auch Freunde fragen, was ihnen dazu in den Sinn kommt.

Wichtig ist, dass Sie für die Übung offen sind. Sobald Sie Vorurteile oder Skepsis zeigen, sind Sie bereits blockiert und werden keinen Zugang zu Ihrer Intuition finden. Nehmen Sie sich Zeit! Sie werden nicht sofort eine Lösung finden. Schlafen Sie am besten über Ihre Deutungen. Wichtig ist, dass Sie etwas Symbolisches finden, das sich auf Ihre Entscheidungsfindung beziehen lässt.

ÜBUNG

2. Träume

Sie können auch Ihre Träume für Ihre Entscheidungen nutzen. Wenn Sie abends ins Bett gehen, wünschen Sie sich, dass Sie in einem Traum einen Hinweis auf eine richtige Entscheidung bekommen. Lassen Sie sich noch einmal sämtliche Lösungsvarianten durch den Kopf gehen und spielen Sie alle Möglichkeiten durch.

Ihre Träume können Ihnen Signale aus Ihrem Unterbewusstsein senden, die Sie im wachen Zustand nicht hören. Oft sind am nächsten Morgen die Träume wieder vergessen. Bleiben Sie noch ein paar Sekunden länger im Bett und verweilen Sie in diesem Dämmerzustand, in dem oft noch einmal die Traumbilder erscheinen.

Seien Sie geduldig mit sich. Auch diese Übung erfordert Training, kann Ihnen aber einen Zugang zu Ihrem Unterbewusstsein ermöglichen.

LIEBE ZEIGEN…

Melanie fühlte sich zusehends entspannter, setzte sich bequem hin und streckte ihre Beine aus. Ein kleines Lächeln erhellte ihr Gesicht. Sie fühlte sich in der Anwesenheit ihres netten, interessanten Gesprächspartners ausgesprochen wohl. Seine unaufdringlichen, wahren Worte gaben ihr Kraft und sie nahm seinen Rat gerne an.

Zwei Dinge sollen Kinder von ihren Eltern bekommen, fuhr er schmunzelnd fort, „Wurzeln und Flügel"– sagte Goethe und ich finde, damit hat er Recht. Die Liebe der Eltern soll Flügel verleihen, frei machen, bereit zum Abflug. Die Kunst ist, Liebe zu zeigen und loszulassen. Zu Liebe gehört auch Loslassen-Können, Freiheit zu gewähren und Energie nicht zu blockieren. Liebe kann so viel! Zu wenig von ihr kann leider ganz viel kaputt machen. Deswegen: Öffnen Sie Ihr Herz!

Melanie fragte sich, ob sie nicht zu oft unbeherrscht reagierte und ihren Frust an ihren Kindern und Schülern ausließ. Wenn Kinder etwas falsch machen oder spüren, dass die Eltern verärgert sind, zweifeln viele Kinder gleich auf der ganzen Ebene an der Liebe der Eltern, sagte der Alte. Deshalb sollten Sie Ihrem Kind niemals – auch wenn Sie noch so wütend oder hilflos sind – so etwas sagen wie: „Wenn du damit nicht aufhörst, haben wir dich nicht mehr lieb". Ihr Kind nimmt Sie beim Wort und glaubt Ihnen solche Sätze wirklich.

Kaum eine Sache bewegt die Menschen mehr als die Liebe. Aber wo finden wir Liebe?

Wann erfahren Sie Liebe? Melanie überlegte: In einer Partnerschaft, manchmal auch im Beruf. Richtig, bestätigte der Mann neben ihr. Wir sind ein kleiner Teil eines großen Ganzen. Das kann sein: der Freundeskreis, die Familie, der Beruf, ein Club etc. Wir verbringen gerne Zeit mit angenehmen Menschen oder Dingen. Wenn wir voller Liebe sind, sind wir zu Außergewöhnlichem imstande. Liebe schenkt uns Kraft und Zuversicht. Geliebt zu werden macht stark, Liebe zu geben, glücklich und dadurch optimistisch und energievoll. Erfolgreiche Menschen wissen, dass eine Gemeinschaft erst produktiv sein kann, wenn sich alle Beteiligten wohl fühlen. **Liebe ist Energie!**

In seinem berühmten Werk „Die Kunst des Liebens" hat uns bereits Erich Fromm die vielen Spielarten der Liebe – von der Elternliebe bis hin zur erotischen Liebe – nahe gebracht. Aber gibt es nicht auch „einen gemeinsamen Nenner" der Liebe? Ist das „Lieben" nicht eine Energie, vielleicht sogar die Energie des Lebens überhaupt? Thaddäus Golas sagt: „Wenn du die Hölle lieben kannst, dann bist du im Himmel."

Der Autor des Buches „Das LOLA-Prinzip", René Egli, spricht davon, dass ausgesandte Liebe wieder zu Ihnen zurückkommt und dadurch noch verstärkt werden kann.

Voraussetzung dafür, Liebe zu geben, ist, sich selbst zu lieben und das „Leben im Hier und Jetzt" zu genießen. Die innere Liebe wächst in unserem Herzen – genau wie die Intuition. „Wir sind auf einer Wellenlänge" – dieser Spruch symbolisiert den energetischen Charakter der Liebe recht gut. Dieser Mensch tut uns gut, er energetisiert und bereichert uns.

ÜBUNG

Schaue so lange in den Spiegel, bis dein Gegenüber beginnt, dich zu mögen.

» Schreiben Sie sich diesen Satz auf ein Kärtchen und heften Sie dieses an Ihren Spiegel. Schauen Sie nun wirklich so lange in den Spiegel, bis Ihr Gegenüber, also Sie selbst, Ihnen sympathisch wird.

» Achten Sie dabei nicht auf Äußerlichkeiten, sondern schauen Sie sich tief in die Augen. Weichen Sie Ihrem Blick nicht aus. Halten Sie stand. Es wird sicher eine Zeit lang dauern, bis Sie sich sympathisch sind. Lassen Sie aber nicht locker. Erst wenn Sie wirklich merken: Ich mag diesen Mensch hier im Spiegel, erst dann können Sie anfangen, zufrieden zu sein. Sie sollten diese Übung aber ständig wiederholen und ritualisieren, so wie Zähneputzen.

» Lächeln Sie sich jetzt dabei an. Es muss aber ein echtes Lächeln sein. Wenn Sie sich selbst annehmen, können Sie auch andere Menschen annehmen.

» Freuen Sie sich! "Es ist größer, während fünf Minuten die wahre göttliche Liebe auszudrücken, als 1000 Schalen Reis den Bedürftigen zu geben, denn durch die Liebe hilft man jeder Seele im Universum." Dies sagte Buddha einmal zum Thema Nächstenliebe.

„Man sieht nur mit dem Herzen gut", schreibt A. de Saint-Exupéry. Haben Sie schon einmal mit Ihrem Herzen gesehen? Versuchen Sie das einmal:

Stellen Sie sich vor, Sie stehen einem Schüler oder jemandem gegenüber, mit dem Sie Probleme haben. Machen Sie dabei eine ganz einfache Übung:

» Schalten Sie Ihr Herz ein.
» Stellen Sie sich Ihr Herz vor.
» Schalten Sie hier Ihr Gefühl ein.

Das Gefühl geht über das Herz, durch die Augen auf den anderen Menschen. Projizieren Sie Ihr Gefühl, Ihr Herz auf den anderen Menschen und Sie werden merken,

» dass die Probleme schwinden,
» dass die schlechte Spannung zwischen Ihnen beiden dahin schmilzt.

Versuchen Sie das öfter, versuchen Sie, aus dem Herzen zu sprechen und zu denken. Handeln aus dem Herzen heraus ist ein Zeichen bedingungsloser Liebe.

 DAS INNERE LÄCHELN

Ist es Ihnen schon einmal passiert, dass ein Fremder Ihnen einfach so ein Lächeln geschenkt hat?, fragte der nette Herr Melanie. Naja, eben vorhin, wohl, entgegnete Melanie. Schließlich haben Sie mich in einem sehr unangenehmen Moment getroffen, als ich gerade erschöpft und ausgepowert war. Vielleicht, weil Sie mir trotzdem sympathisch waren, sagte der Mann. Und weil Sie das fremde Lächeln erwiderten. Bestimmt werden Sie es zusammen mit der Erinnerung an diese angenehme Begegnung den ganzen Tag mit sich tragen, oder?

Ein Lächeln ist das stärkste Signal, das wir aussenden können, um unsere guten Absichten darzustellen. Das gilt natürlich nur für ein Lächeln, das von Herzen kommt. Ein antrainiertes Lächeln kann nie dieselbe Wirkung erzielen wie ein inneres Lächeln, das sich auf Ihren Lippen zeigt.

Thich Nhat Hanh sagt über das Lächeln: „Unser Lächeln bestärkt uns in der Bewusstheit und im Entschluss, in Frieden und Freude zu leben. Die Quelle eines wahren Lächelns ist ein erwachter Geist."

» Lächeln ist eine sympathische Falte, die andere wegbügelt. «

(Unbekannt)

Mit dem inneren Lächeln ist gerade nicht das ewige Grinsen von Werbefiguren gemeint oder das aufgesetzte „smiling" von Motivationstrainern. Wer lächelt, ohne dass ihm danach ist, spielt anderen etwas vor. Es gibt einen Weg, das Lächeln wieder völlig neu zu lernen – aus sich selbst heraus. Nicht Zähnezeigen, nicht Muskeln anspannen führt zu echtem Lächeln.

Das innere Lächeln kommt aus der Tiefe des Herzens und ist Ausdruck der Liebe. Jedes Herz hat die Fähigkeit zu lächeln. Es hängt von uns ab, ob wir es pflegen oder ob wir es verkümmern lassen. Wenn wir ihm Achtung schenken, kann sich das Lächeln und mit ihm die innere Wärme in uns ausbreiten. Der ganze Körper fühlt sich bejaht und geliebt, jede Zelle öffnet sich und strahlt.

Menschen, die das innere Lächeln üben, haben eine positive Ausstrahlung. Mit ihrem inneren Lächeln meistern sie oft völlig aussichtslos wirkende Situationen. Sie sind in der Lage, sich selbst aufzumuntern und Energie zu schenken.

» Wenn Du jemand ohne Lächeln siehst, so schenke ihm Deines. «
Jim Daniels

ÜBUNG

Stellen Sie sich ganz bewusst Dinge vor, die ein Lächeln auf Ihre Lippen zaubern. Welche Dinge sind es bei Ihnen? Vielleicht sind es zum Beispiel:

» die Fotos von lieben Freunden
» die Begrüßung des Hundes
» ein Lieblingssong
» Schokopudding
» das Überraschungspaket heute morgen
» ein Tag am Meer

Auch wenn gewisse Dinge bereits vergangen sind, zaubern sie noch immer ein Lächeln auf Ihre Lippen.

Bestimmt sind Ihnen bereits einige persönliche „Lächel-Dinge" eingefallen, vielleicht lächeln Sie auch schon? Und nun transferieren Sie das auf den Schulalltag. Auch dort gibt es sicherlich Dinge, Menschen, Situationen, die Ihnen ein Lächeln wert sind.

Führen Sie sich diese deutlich vor Augen. Und Sie werden sehen, wenn Sie positive Energie für Ihren Schulalltag brauchen, ist es hilfreich, wenn Sie sich Menschen oder Begebenheiten hervorrufen, die Sie zum Lächeln bringen. Schreiben Sie sich solche Dinge auf.

ÜBUNG

Das Lächeln in die Organe

» Ziehen Sie sich zurück. Setzen Sie sich entspannt hin und schließen Sie die Augen. Das innere Lächeln beginnt in den Augen und im Dritten Auge, dem Punkt zwischen den Augenbrauen. Die Augen sind die Verbindung zum vegetativen Nervensystem.

» Richten Sie Ihre Aufmerksamkeit ausgehend von diesem Punkt auf ein bestimmtes Organ und lächeln Sie in dieses Organ hinein, schicken Sie ihm ein echtes Gefühl von Wertschätzung, Dankbarkeit und Anerkennung für die Arbeit, die es leistet. Dann spüren Sie in dieses Organ hinein und fühlen, wie dieses sich für das innere Lächeln mit Entspannung bedankt.

» Spüren Sie, wie sich von Ihrem Herzen aus Liebe und Wärme ausbreitet. Das ist das innere Lächeln. Es fließt nun Ihren Lungen zu. Auch dort verbreiten sich Wärme und Wohlgefühl.

» Lassen Sie das innere Lächeln nun zu Ihrer Leber fließen und spüren Sie, wie sich Sanftheit in Ihnen ausbreitet.

» Fahren Sie nun so mit Ihren ganzen Organen fort und spüren Sie Ihre positiven Energien. Nach mehrmaligem Üben sind Sie in der Lage, mit allen Ihren Organen Verbindung aufzunehmen und mithilfe des inneren Lächelns Ihre Organe mit Energie zu füllen.

Diese Übung wirkt harmonisierend auf alle inneren Organe und hilft Ihnen, mehr Bewusstsein für Innen und Außen zu entwickeln. Das bewusste Lächeln in einzelne Organe ist sehr hilfreich, um funktionelle Störungen rechtzeitig zu spüren und durch die entspannende Wirkung des Lächelns zu regulieren. Diese Übung lässt sich gut schon morgens im Bett und abends vor dem Schlafengehen anwenden.

Mithilfe des inneren Lächelns können Sie lernen, sich selbst und anderen zu vergeben. Wenn Wut und Zorn in Ihnen aufkommen, versuchen Sie, niemanden zu verurteilen! Nehmen Sie stattdessen mit Ihrem inneren Lächeln Verbindung auf und verwandeln Sie die negativen Gefühle in positive. Um das zu erreichen, ist viel Übung notwendig. Wenn Sie erst Ihr inneres Lächeln anwenden können, werden es Ihre Mitmenschen spüren und zu schätzen wissen.

ÜBUNG

Die Augen-Übung

» Wahres Lächeln kommt nicht aus dem Mund, sondern aus den Augen!

» Stellen Sie sich Ihr Lächeln vor und wie Ihre Augen lächeln,

» Stellen Sie sich vor, wie das Lächeln herabwandert zu Ihrer Nase und schließlich in Ihren Mund fließt.

Schenken Sie sich ein Lächeln

» Ziehen Sie einige Minuten die Mundwinkel nach oben und lächeln Sie sich selbst freundlich im Spiegel an.

» Oder setzen Sie sich aufrecht hin, schauen Sie nach oben und strecken Ihre Arme zur Decke.

» Lächeln Sie freundlich nach oben, so als ob Ihnen von dort oben ein guter Freund entgegenlächelt.

SELBSTTEST

Das Gute am inneren Lächeln ist, dass es desto direkter und besser wirkt, je schlechter man sich fühlt. Leute, die sowieso schon immer „happy" und motiviert sind, brauchen das innere Lächeln nicht. Sie haben es schon.

Beantworten Sie folgende Fragen ehrlich mit JA oder NEIN:

» Sind Sie mit Ihrem Aussehen unzufrieden
  (Körper, Haare, Gewicht, Größe)?

» Möchten Sie gerne jünger sein?

» Konnten Sie sich früher mehr über Kleinigkeiten
  freuen wie über Sonnenschein, Vögelgezwitscher
  oder eine Blume?

» Halten Sie sich für unausgeglichen?

» Sind Sie schon sauer und wütend, wenn Sie
  morgens aufstehen und es regnet?

» Flippen Sie schnell aus, z. B. an der berühmten
  langen Schlange im Supermarkt?

» Gehen Sie Konflikten gerne aus dem Weg
  (z. B. mit Ihren Schülern, Kollegen)?

» Haben Sie das Gefühl, etwas in Ihrem Leben zu
  versäumen?

Auswertung:
Je öfter Sie mit JA geantwortet haben, desto nötiger haben Sie das innere Lächeln.

DANKBARKEIT

Danke, dass Sie mir etwas Gesellschaft leisten und mir so freundlich zuhören, wandte sich der Alte Melanie zu. Danke… wie oft verwenden Sie dieses Wort täglich? Kommt es Ihnen leicht über die Lippen, oder kostet es Sie bei manchen Menschen Überwindung? Wenn Sie liebevoll anderen gegenüber eingestellt sind, spüren Sie ganz automatisch Dankbarkeit. Eine bedingungslose, erfüllende Dankbarkeit.

Sie bedanken sich, wenn Sie etwas geschenkt bekommen. Ihren Kinder bringen Sie Höflichkeit bei: „Wie sagt man, wenn man was bekommen hat?", und im Erwachsenenalter wird es oft vergessen oder als bloße Floskel betrachtet. Doch hier geht es um ein anderes „Danke". Es ist mehr als ein Wort, das Sie verwenden, um sich für eine Sache zu bedanken. Es gibt eine viel größere und edlere Form der Dankbarkeit.

René Egli, Schweizer Schriftsteller und Gründer des Instituts für Erfolgsimpulse und Managertrainer, hat gesagt: „Dankbarkeit ist ein Ausdruck der universellen Liebe, des einfachsten und wirkungsvollsten Verhaltens, das es im Kosmos gibt. Fehlende Dankbarkeit ist ein Mangel an Achtung und Respekt dem Leben gegenüber." Wie lange ist es eigentlich her, dass ich echte Dankbarkeit gespürt habe?, fragte sich Melanie. Meistens bin ich doch so sehr im Alltag und Beruf verstrickt, dass ich die vielen Dinge vergesse, die mir Freude machen, stellte sie fest. Und wenn ich erst wirklich

> » Dankbarkeit ist keine Tugend.
> Sie ist eine Kunst. «
>
> *Richard Friedenthal*

gestresst bin und mich schlecht fühle, ist es gar nicht so einfach, mich daran zu erinnern, dass sie überhaupt existieren, die schönen Dinge!

Wenn Sie sich vornehmen, ab jetzt ein dankbarer Mensch zu sein, wird das Einfluss nicht nur auf Ihre Mitmenschen haben, die Ihre entgegengebrachte Dankbarkeit sehr schätzen werden, sondern auch auf Ihr Wohlbefinden. Es ist immer wieder verblüffend festzustellen, wie etwas so Einfaches die innere Einstellung verändern kann. Wenn Sie sich die Dinge bewusst machen, für die Sie dankbar sind, fühlen Sie sich unweigerlich besser. Und je mehr Dinge oder Menschen Sie dankbar anerkennen, umso besser werden Sie sich fühlen. Dankbarkeit ist für Sie genauso wichtig wie für andere.

Probieren Sie es einmal aus: Schließen Sie die Augen und denken Sie an etwas oder jemanden, für das oder den Sie dankbar sind. Merken Sie, wie sich Ihre Atmung verändert? Wie sie ruhiger und tiefer wird? Vielleicht beginnen Sie zu lächeln? Merken Sie, dass Sie sich nun viel besser fühlen?

Bedanken Sie sich bei sich selbst und bei Ihrem Körper, z. B. dafür, dass Sie gesund sind. Bedanken Sie sich bei Ihren Kindern, dass es sie gibt, bei Ihrem Postboten, dass er Ihnen bei Wind und Wetter Ihre Briefe bringt. Anlässe gibt es genug! Sie werden sehen,

es tut gut: Ihnen und den anderen. „Danke sagen" ist eine Möglichkeit zu schenken. Sie schenken Anerkennung und Wertschätzung und schaffen Vertrauen. Andere glücklich zu machen macht auch uns glücklich. Gerade im Schulalltag kommt das oft zu kurz. Erwarten Sie von Ihren Schülern nicht nur Respekt und Höflichkeit, leben Sie es ihnen vor! Schenken Sie heute einem besonders schwierigen Schüler ein Lächeln. Sie werden sehen, nach einer Weile bekommen Sie zurück, was Sie gegeben haben.

Gerade in schwierigen Phasen des Lebens, wenn mal nicht alles glatt läuft, zeigt sich unser Charakter. Es gibt ganz verschiedene Arten, mit kniffligen Situationen umzugehen. Man kann sich über sie ärgern, frustriert sein oder traurig. Ein konstruktiver Weg dagegen ist, wenn Sie sich einfach fragen, was Sie durch diese Situation lernen können! Dadurch sind Sie nicht länger Opfer einer Situation, sondern greifen aktiv in das Geschehen ein und überlegen sich, wie Sie mithilfe einer unangenehmen Wirklichkeit wachsen und sich weiterentwickeln können. Ganz nach dem

> » Dankbarkeit ist das
> Gedächtnis des Herzens. «
>
> *Jean-Baptiste Massilon, franz. Bischof*

Motto: Alles hat seinen Sinn. Wenn Sie also zum Beispiel gerade von Ihrer Arbeit genervt sind, könnten Sie sich in Dankbarkeit üben für das, was Sie schon erreicht haben.

„Die glücklichsten Menschen sind nicht die, die am meisten haben, leisten oder können, sondern die, die am meisten danken." Dieser Satz von Wilhelm Öhre, einem schwäbischen Pfarrer und Dichter, trifft es recht gut. Wer „nur" gut im Job ist, ist in erster Linie alleine. Die wirklich erfolgreichen Menschen, sind glücklich und solche, die wissen, warum sie diesen Erfolg haben dürfen: Weil es Menschen gibt, die ihnen geholfen haben, die für sie da waren, wenn es mal nicht so gut lief und dennoch an sie geglaubt haben. Leider haben es viele Menschen verlernt, einfach mal „Danke" zu sagen. Vieles ist selbstverständlich geworden: Dass wir Geld haben, in einer schönen Wohnung wohnen, in den Urlaub zu fahren usw. Warum fällt es uns so schwer zu danken? Was hindert uns daran?

Wir möchten möglichst viele Dinge in unseren Tag packen und erledigen und werden dadurch manchmal etwas oberflächlicher. Wir tun viele verschiedene Dinge gleichzeitig, stehen morgens mit den Terminen des gesamten Tages auf und gehen abends müde und mit den Gedanken an den nächsten Tag ins Bett. Scheinbar gibt es keine Zeit, um innezuhalten und den Moment zu genießen, sich zu freuen.

Wer danken will, muss sich Zeit nehmen. Auch, um erst mal die Dinge zu erkennen, für die man „Danke" sagen möchte. Oft sind es nämlich Kleinigkeiten, denen man nicht viel Beachtung schenkt, unser Leben aber schöner machen. Danken hat auch mit Denken zu tun. Schließlich müssen Sie erst einmal über die Dinge nachdenken, für die Sie dankbar sind. Dankbarkeit ist nämlich das Gegenteil von Gedankenlosigkeit. Wenn Sie Ihren Tag bewusst leben und gestalten, können Sie auch einmal innehalten und sich überlegen, wem oder wofür Sie heute dankbar sind. Wenn Sie die kleinen Freuden des Lebens erkennen und entdecken, werden Sie Dankbarkeit empfinden. Das kann ein Lächeln sein, ein überraschendes Geschenk, der erste Schnee, ein Bild Ihres Kindes, der Kaffee am Morgen etc. Indem Sie den selbstverständlichen Dingen Dankbarkeit entgegenbringen, wissen Sie diese erst zu würdigen und zu schätzen.

Dankbarkeit kann man lernen. Besser noch, man muss sie lernen! Sie ist wie „Fitnesstraining fürs Herz". Wenn Sie „Danke" sagen, tun Sie nämlich letzten Endes sich selbst etwas Gutes! Wenn Sie dankbar sind, wird Ihr Leben tiefer und bewusster.

Verlagern Sie Ihre Aufmerksamkeit auf die Dinge, die Ihnen Energie geben!

ÜBUNG

Nehmen Sie sich vor, ab jetzt jeden Tag etwas zu finden, wofür Sie dankbar sein können. Und denken Sie nicht, das würde nicht funktionieren, denn jeder Tag, auch wenn er zu den anstrengenden gehört, hat etwas zu bieten, wofür man dankbar sein kann.

Vielleicht können Sie für jeden Tag eine kleine Notiz, wofür Sie dankbar waren, in ein eigenes Dankbarkeits-Büchlein schreiben. Wenn Sie Ihre Aufzeichnungen nach ein paar Wochen wieder durchlesen, werden Sie selbst merken, wie reich Ihr Leben ist.

Gelassenheit für einen entspannten Umgang mit Kindern

Gelassenheit bedeutet „lassen, wie es ist, loslassen, geschehen lassen" usw. und hängt unmittelbar mit dem Selbstbewusstsein zusammen. Dabei geht es nicht um die Darstellung eines Selbstbewusstseins nach außen, sondern um das Bewusstsein der eigenen Person. Sie sind sich Ihrer selbst bewusst, mit all Ihren Fähigkeiten, Vorteilen, Liebenswertigkeiten, Anmutigkeiten.

Dieses Bewusstsein führt zum Vertrauen in die eigenen Fähigkeiten und zur richtigen Selbsteinschätzung. Nur so können Sie gelassen, mit innerer Ruhe, an Dinge herangehen und Aufgaben bewältigen. Lassen Sie sich nicht Ihre Leichtigkeit nehmen, denn gerade an stressigen Tagen hilft Humor und ein sonniges Gemüt mehr als Trübsalblasen. Versuchen Sie deshalb, gelassener zu werden, geduldig zu sich selbst zu sein. Sie werden sehen, wer gelassen ist, zieht Menschen an – mit hängenden Mundwinkeln dagegen tun Sie alles dafür, mit Ihren Problemen allein zu bleiben! Gelassenheit ist die Basis Ihrer Lebensqualität: Ohne Leichtigkeit keine Lebensfreude. Ohne Gelassenheit keine Genussfähigkeit. Dass das Leben oft schwer ist, wissen wir alle, aber jammern bringt hier gar nichts.

> » Die Gelassenheit ist eine anmutige Form des Selbstbewusstseins. «
> *Marie von Ebner-Eschenbach*

» Entdecken Sie die Langsamkeit wieder für sich und die Fähigkeit, im Hier und Jetzt zu leben. Dazu gehört auch, genießen und „abschalten" zu können.

» Seien Sie weniger perfektionistisch! Perfektionismus ist keine Tugend, sondern ein Zwang, der Sie nur am Erfolg hindern kann – denn keiner ist perfekt! Nehmen Sie sich ruhig ein Stück zurück in Ihrem Drang nach Perfektionismus und verwenden diese Energie lieber dafür, sich selbst etwas Gutes zu tun!

» Seien Sie mutig! Ängstlichkeit und übertriebene Vorsicht lähmt.

Innere Ruhe findet natürlich ihren Niederschlag auch im Verhältnis zu Kindern. Gelassenheit und Ruhe erzeugt bei Kindern das Gefühl, sich verlassen zu können und gibt ihnen Sicherheit. Aus dieser Konstellation heraus ist es möglich, Kinder zu führen, ihnen Grenzen aufzuzeigen, Regeln und Werte zu vermitteln.

Natürlich dürfen Sie Kinder auch ruhig mal als „nervig" empfinden, ohne dass Sie gleich ein schlechtes Gewissen haben müssen. Wenn Sie dann den Kids rechtzeitig signalisieren, dass eine Grenze erreicht ist, sonst aber alles in Ordnung, können sie das akzeptieren. Schwierig wird es, wenn man die eigene Person zurückstellt, wartet bis die Spannung zu groß wird und sich daraus vielleicht Machtkämpfe entwickeln. Schaffen Sie sich lieber rechtzeitig einen Freiraum, gönnen Sie sich eine Auszeit, um Ihre eigenen „Grundbedürfnisse" zu stillen.

Autorität in der Erziehung entsteht nicht durch Macht und Durchsetzungsvermögen, sondern durch Überzeugung und Glaubwürdigkeit. Ausgeglichene Eltern können ihren Standpunkt und ihre Argumente glaubwürdig vertreten und sorgen so für ein positives und verlässliches Verhältnis zu den Kindern.

Hier noch einmal die wesentlichen Aspekte von Gelassenheit:

» Interpretieren Sie für sich, was es bedeutet, glücklich zu sein.

» Legen Sie Ihre Lebensziele fest und definieren Sie sie.

» Seien Sie gelassen, lassen Sie los und blockieren Sie nicht.

» Beurteilen und verurteilen Sie nicht alles. Lassen Sie einmal alles so, wie es ist.

» Denken Sie neutral.

» Nehmen Sie Kontakt auf zu Ihrer Intuition.

> » Der Weg zum Ziel beginnt an dem Tag, an dem Du die hundertprozentige Verantwortung für Dein Tun übernimmst. «
>
> *Dante Alighieri*

» Übernehmen Sie die Verantwortung für sich selbst und Ihr Tun, indem Sie aufhören, Entschuldigungen zu suchen – und Ihr Weg zum Ziel beginnt.

» Schalten Sie Ihr Herz ein, wenn Sie an sich und andere denken.

» Sagen und denken Sie, so oft Sie können, DANKE.

» Geben Sie immer wieder Ihr Bestes. Denken Sie daran, das Leben ist ein tägliches Üben. „Wir verändern die Welt, indem wir uns selbst verändern." (Dan Milman)

» Handeln Sie und verhalten Sie sich so, als seien Sie schon der Mensch, der Sie gerne sein möchten.

» Seien Sie so oft wie möglich so, wie Sie eigentlich sind! „Eigentlich bin ich ganz anders, ich komm nur so selten dazu." (Ödon von Horvath)

ÜBUNG

Eine Firewall gegen Energieräuber

Schaffen Sie zunächst eine ruhige Atmosphäre.
Entspannen Sie sich bewusst.

» Stellen Sie sich den Energieräuber vor – so bildlich und drastisch wie möglich. Beobachen Sie ihn genau. Versuchen Sie den Moment zu erkennen, in dem er beginnt, Ihnen Energie abzuziehen.

» Nun stellen Sie Ihre Firewall auf. Schützen Sie Ihre Energie gegen den Räuber. Energie sparen ist angesagt!

» Fühlen Sie Ihre eigene Energie. Spüren Sie in sie hinein. Halten Sie sie bewusst bei sich. So wird die Firewall stärker.

» Projizieren Sie auf die Firewall ein STOP-Schild. Es hilft Ihnen, den Energieräuber abzuhalten.

» Lächeln Sie dabei. Eine positive Atmosphäre baut sich auf. Sie spenden Energie, ohne dabei selbst Energie zu verlieren.

Trainieren Sie diese Übung!

Dann können die Energieräuber Ihnen nichts mehr entziehen, was Sie selbst dringend brauchen!

Survival-Kit für den Alltag

- » Führen Sie Tagebuch! Schreiben Sie auf, was Sie erlebt haben, welche Situationen besonders stressbelagert waren, was Sie geärgert oder enttäuscht hat. Auf diese Weise erfahren Sie mehr über Ihre individuellen Belastungen und erkennen Ihre Konflikte und wie Sie in Zukunft besser damit umgehen können.

- » Vermeiden Sie Vorurteile!

- » Es ist eine Herausforderung, sich zu engagieren, ohne etwas zu erwarten.

- » Nutzen Sie die Zeit, ohne in Hektik zu verfallen! Hüten Sie sich davor, Erwartungen zu hoch anzusetzen!

- » Loslassen hat zuerst mit Ihnen selbst zu tun. Wo finden Sie Glück und Wert? Fragen Sie sich, welche Erwartungen an Sie herangetragen werden, und versuchen Sie, sich von diesen Erwartungen ein Stück frei zu machen. Lernen Sie, NEIN zu sagen und sich auch einzugestehen: „Das kann ich nicht." Lassen Sie hohe Erwartungen an sich selbst los!

- » Welche Gedanken hatten Sie heute? Wie sind Sie heute Ihren Mitmenschen begegnet? Was hat Ihnen an anderen Menschen heute gefallen, was missfallen?

- » Sie selbst denken sich Ihre Welt. Nichts kann entstehen, bevor Sie es nicht vorher gedacht haben. Tragen Sie Verantwortung für Ihr Leben!

- » Eine Form des Loslassens ist die Übung der neutralen Beobachtung von Gedanken, Gefühlen, Wünschen und Vorstellungen. Indem wir die Dinge, ohne sie zu werten, so akzeptieren, wie sie sich darbieten, ist es möglich, sie loszulassen.

- » Bewegung für die innere Balance. Zügiges Spazierengehen oder Radfahren baut die Stresshormone Adrenalin, Noradrenalin und Cortisol ab. Nach ca. 30 Minuten sind Körper und Seele wieder im Gleichgewicht.

- » Schreiben hilft. Wenn Sie etwas belastet, schreiben Sie es auf – und werfen Sie den Zettel danach weg!

- » Halten Sie bewusst inne. Schauen Sie aus dem Fenster, betrachten Sie sich mit einem Lächeln im Spiegel – das bringt Ihnen neue Energie.

- » Herzhaft Gähnen – ein richtiger Stresskiller: Die Lungen weiten sich und nehmen eine große Menge Sauerstoff auf. Anschließend sind Sie erfrischt und entspannt.

- » Träumen ist Seelenbalsam. Kramen Sie alte Urlaubsfotos heraus und schwelgen Sie in alten Zeiten. Erinnern Sie sich an glückliche Momente in Ihrem Leben!

- » Distanz üben: Gewöhnen Sie sich an, in stressigen Situationen die Augen zu schließen, und fragen Sie sich, was es genau ist, was Sie in dem Moment so aufregt. Weil Sie Ihren Kopf einsetzen, haben Ihre Gefühle nicht mehr die Kontrolle über Sie.

- » Singen und summen Sie vor sich hin. Konzentrieren Sie sich darauf, wie sich das Geräusch in Ihrem Körper anhört.

- » Legen Sie in Stresssituationen die Handinnenflächen an die Stirn. Diese Übung bringt Sie wieder ins Gleichgewicht.

- » Erinnern Sie sich an liebevolle Personen, die Sie in einer unangenehmen Situation beschützt haben. Vertrauen Sie ihnen Ihre Gefühle und Ängste an.

Und speziell für Lehrer:

- » Schaffen Sie Disziplin, indem Sie pünktlich mit dem Unterricht beginnen und optimal vorbereitet sind. Binden Sie die Schüler in die Unterrichtsgestaltung mit ein, indem sie Ihnen Alternativen vorschlagen.

- » Wichtig sind offene Gespräche mit Kollegen. Überwinden Sie Ihre Hemmungen. Sie sind kein Versager, wenn Sie mit einem Schüler oder einer Situation in Ihrer Klasse ein Problem haben. Ihre Kollegen werden ähnliche Erfahrungen haben, sprechen es im Gegensatz zu Ihnen nur nicht aus. Sie werden sehen: Ihre Kollegen werden dankbar und erleichtert sein, wenn Sie auf eine belastende Situation aufmerksam machen.

- » Gesprächsrunden innerhalb des Lehrerkollegiums ermöglichen der Gruppe einen Austausch über aktuelle Situationen.

- » Sicher haben Sie Schüler, mit denen Ihnen der Umgang schwerer fällt und die sofort eine Stressattacke in Ihnen auslösen. Schauen Sie hinter das Verhalten dieses Schülers. Nur wenn Sie das Verhalten des Schülers besser verstehen, wenn Sie verstehen, warum sich das Kind zum Beispiel immer in den Vordergrund drängt, laut ist und stört, können Sie den Schlüssel zur Veränderung seines Verhaltens finden. Versuchen Sie außerdem, die Schüler nicht vorschnell zu beurteilen. Ändern Sie Ihre innere Einstellung!

- » Schärfen Sie Ihren Blick für gutes Verhalten und loben Sie bewusst!

- » Akzeptieren Sie auch die Störung an sich und lassen Sie sich nicht so leicht aus der Ruhe bringen. Sinnvoller und realistischer ist es, sich damit auseinander zu setzen, wie mit der Störung umzugehen ist, als diese ganz abschaffen zu wollen.

Literatur

Für jede Situation im Leben gibt es Bücher, die Ihnen weiterhelfen können. Zu den Themen Lebensweisheiten, Selbstmanagement, Mentaltraining, Alltagsmanagement und Gesundheit stelle ich Ihnen hier ausgewählte Bücher vor.

Nehmen Sie sich die Zeit zum Lesen, Sie werden davon profitieren!

Alltagsmanagement

G. Frey, **Gelassenheit siegt,** Walhalla, 3-8092-4525-2
V. Birkenbihl, **ABC-Kreativ,** Goldmann, 3-442-16569-5
A. Matthews, **So geht's Dir gut,** VAK-Verlag, 3-924077-32-0
S. Jaenicke, **Die Zeit kann man anhalten,** Nymphenburger, 3-485-00880-X
D. Milman, **Erleuchteter Alltag,** Heyne, 3-5487-4041-3

Selbstmanagement

M. Scott, **Zeitgewinn durch Selbstmanagement,** Campus, 3-593-36681-9
S. Jaenicke, **Die Zeit kann man anhalten,** Nymphenburger, 3-485-00880-X
T. Miedaner, **Coach Dich selbst,** mvg, 3-636-07039-8
C. Besser-Siegmund, **Coach yourself,** ECON, 3-612-26243-2

Mentalmanagement

R. Ackermann, **Ab heute tu ich, was ich will,**
  Peter End, 3-813-80454-2
P. Coelho, **Auf dem Jakobsweg,** Diogenes, 3-257-23115-6
K. W. Vopel, **Die Zehn-Minuten-Pause,** Iskopress, 3-89403-093-3
R. Egli, **Das LOLA-Prinzip,** Edition D'Olt, 3-9520606-0-7
M. Schoch, **Time Therapie,** Edition Spuren, 3-95219661-4

Gesundheit

Dr. P. Axt, M. Axt-Gadermann, **Die Kunst länger zu leben,**
  Herbig, 3-7766-2275-X
G. A. Friedrich, **Ba Duang Jiu – Die 8 edlen Übungen (Tai Chi),**
  P. Kirchheim, 3-87410-061-8
C. W. Echter, **Energie für alle Zellen,** Kösel, 3-466-34476-X
Dr. M. Spitzbart, **Leben Sie Ihr Glück,** Goldmann, 3-442-16744-2

Lebensweisheiten

P. Coelho, **Der Alchimist,** Diogenes, 3-257-06126-9
Thich Nhat Hanh, **Ich pflanze ein Lächeln,** Arkana, 3-442-30572-1
J. Zobe, **Yo – eine Reise zum Glück,** Hanser, 3-446-22691-5

Erziehung

G. Preuschoff, **Kinder zur Stille führen,** Herder, 3-451-238977
G. Faust-Stiehl, **Mit Kindern Stille entdecken,**
  Diesterweg, 9783425014821
S. Gross, **Life Excellence,** Hanser, 9783446226517
T. Baier, **Puberterror,** CARE-LINE, 978-3-86708-002-6
S. Nelke/U. Tanzer, **Essen und Trinken gegen Burnout,**
  CARE-LINE, 978-3-937252-67-4

Impressum

©2009, CARE-LINE GmbH, Edition Baier,
Franz-Schuster-Straße 3, 82061 Neuried,
Tel.: 089/74 55 51-0, Fax: 089/74 55 51-13
E-Mail: info@care-line.de
Internet: www.care-line-projektagentur.de

Autoren: Thomas Baier, Anne Rotter
Redaktion: Andrea von Chossy
Titelgestaltung, Layout, Illustrationen: Steffi Frede,
www.pusteblume.tv
Bildnachweis: aboutpixel, photocase, Usernamen der Fotografen:
Jala, Claudiarnat, UlrikeA, Moreimage, Emuman, Leit:Farben,
Inken, Fiebke, Moqua, DocStorm, Himbeertoni, S11,
www.dokumentiert.de, Codswollop, Gagaenne,
Alle Rechte vorbehalten. Nachdruck, auch auszugsweise,
nur mit schriftlicher Genehmigung der CARE-LINE GmbH.

ISBN: 978-3-9812463-2-2

Bibliographische Information der Deutschen Bibliothek:
Die Deutsche Bibliothek verzeichnet diese Publikation in der
Deutschen Nationalbibliographie; detaillierte bibliographische
Daten sind im Internet über http://dnb.ddb.de abrufbar.